STREETFOOD KOREA

STREETFOOD KOREA

Die beliebtesten Klassiker, die du gekocht haben musst

Vincent Amiel

riva

VORWORT

Vielleicht haben Sie schon einmal Bibimbap probiert, aber kennen Sie auch Mandu, Jjajangmyeon oder Bulgogi? Nein? Dann lassen Sie sich zu einer Entdeckungsreise durch die farbenfrohe, schmackhafte und gesunde Küche des K-Food einladen!

Eine koreanische Mahlzeit besteht aus einer Reihe von Gerichten, bei denen die Geschmacksrichtungen (süß, salzig, bitter, scharf und sauer) aufeinander abgestimmt sind. Genuss und Ausgewogenheit stehen immer im Vordergrund. Die wichtigste Zutat der koreanischen Küche? Natürlich Kimchi (siehe Seite 92)! Dieser säuerlich-pikante fermentierte Kohl mit Chili ist das Herzstück der koreanischen Küche. Es wird in vielen Gerichten verwendet und gehört selbstverständlich auch zum K-Food.

K-Food ist nicht nur in Korea ausgesprochen beliebt. Es hat sich aus einer Mischung aus alltäglichen Familiengerichten und beliebten Streetfood-Gerichten entwickelt. Bekannt wurde es durch den K-Pop und seine musikalischen Stars, aber auch durch Anime, das koreanische Kino oder Fernsehserien. Heute steht es symbolisch für eine neue Leidenschaft für die moderne koreanische Küche.

Bei den Rezepten, die wir Ihnen in diesem Buch vorstellen, haben wir uns so eng wie möglich an den authentischen Rezepten orientiert. Alle können Sie leicht zu Hause nachkochen, ohne auf den Originalgeschmack verzichten zu müssen.

Stellen Sie sich vor, durch das Tor des Gwangjang-Marktes in Seoul zu treten oder an einem Strand Ihrer Wahl zu sitzen. Sie brauchen nur zu genießen – es wird sich anfühlen, als wären Sie dort.

INHALT

Microplane

KISOONDO
TRADITIONAL
JANG
선조들의 숨결 그대로
기순도
전통 고추장
Pâte de piment rouge
(Gochujang)
Slight Hot · Poids net: 230g
Sauce soja 1 an d'âge
(Cheongjang)
청장
Sans sucres ajoutés
Sans conservateurs
Sans additifs
120ML (8,45 FL OZ)

SPEZIELLE ZUTATEN

Damit du für die Rezepte in diesem Buch gut gerüstet bist, empfehlen wir dir, einen kleinen Vorrat an Lebensmitteln anzulegen. Trockenprodukte, Soßen und Chilipasten sind recht lange haltbar. Es lohnt sich, etwas mehr Geld in hochwertige Zutaten zu investieren, denn sie machen den Geschmack deiner Gerichte aus!

AUSTERNSOSSE: Diese Soße aus Austern, Zucker und Salz ist in der asiatischen Küche sehr verbreitet und verleiht den Gerichten eine schöne dunkle Farbe und ein komplexes Aroma.

CHUNJANG: Eine Paste aus gesalzenen, fermentierten Sojabohnen. Die herb-salzig schmeckende Paste ist die Grundlage für Jjajangmyeon-Nudeln.

DAIKON: Der asiatische weiße Rettich kann bis zu 30 kg schwer werden. Roh schmeckt er scharf, gegart ist er milder. Man kann ihn auch eingelegt in Gläsern kaufen. Dann wird er mit Gewürzen mariniert, die ihm eine gelbe Färbung verleihen.

DASHIDA: Dashida ist eine Instantbrühe (Pulver). Es gibt sie mit Rindfleisch, aber auch mit Geflügel, Sardellen usw.

DASHIMA-PULVER: Dashima ist eine Alge mit raffiniertem Geschmack. Als Pulver verleiht sie Suppen und Brühen ein feines Aroma. Sie gilt als sehr nährstoffreich.

SPEZIELLE ZUTATEN (Fortsetzung)

DOENJANG: Diese koreanische Würzpaste aus getrockneten und fermentierten Sojabohnen ist bräunlich und enthält manchmal noch ganze Sojabohnen. Mit ihrem intensiven, sehr aromatischen Duft ist sie eine charakteristische Zutat der koreanischen Küche. Sie wird zu Gemüse und vielen anderen Gerichten gegessen.

ENOKI-PILZE: Die weißen Pilze mit langem Stiel und kleinem Hut werden in Trauben verkauft. Man kann sie roh oder gegart verzehren.

GETROCKNETE JUJUBE: Diese kleine rote Frucht, auch »chinesische rote Dattel« genannt, hat einen leicht süßen Geschmack. Sie ist Bestandteil von Kompott, Obstspeisen, Desserts, medizinischen Tees und auch von einigen herzhaften Gerichten.

GETROCKNETE WAKAME-ALGEN: Die getrockneten Braunalgen müssen vor dem Verzehr eingeweicht werden. Sie sind jodhaltig und haben einen angenehmen Biss – perfekt, um Gerichten mehr Textur zu verleihen.

GINSENG: Ginseng ist eine längliche Wurzel, die wegen ihres Geschmacks, aber auch wegen ihrer Nährwerte verzehrt wird. Sie gilt als stärkend und anregend und hat einen leichten Lakritzgeschmack.

GOCHUGARU: Das rote Chilipulver wird in der koreanischen Küche häufig verwendet. Es ist milder als Chiliflocken, eignet sich aber hervorragend, um ein Gericht zu würzen und ihm eine schöne rote Färbung zu verleihen.

GOCHUJANG: Diese scharfe Gewürzpaste aus roten Chilischoten, Klebreismehl und Sojabohnen wird in vielen koreanischen Gerichten verwendet, zum Beispiel in Tteokbokki.

KIMCHI: Der koreanische Klassiker ist auf jedem Tisch zu finden. Er besteht aus milchsauer vergorenem Kohl oder anderem Gemüse und Chili. Kimchi wird als pikante Beilage gegessen, ist aber auch in verschiedenen Gerichten enthalten, beispielsweise Kimchi Jeon, Fladen mit Kimchi.

KKAENNIP: Die Pflanze ist auch als Perilla bekannt und ähnelt dem japanischen Shiso. Ihre Blätter sind essbar und haben einen leichten Zimtgeschmack.

MIRIN: Dies ist ein alkoholarmer, leicht sirupartiger Reiswein, der zum Kochen verwendet wird.

NORI-ALGEN: Die dunkelgrünen Algen werden meist geröstet, getrocknet und in Form von Blättern oder Flocken zum Bestreuen angeboten. Man verwendet sie zum Umhüllen von Lebensmitteln wie Maki oder zum Garnieren von Gerichten und Soßen. Sie enthalten wertvolle Proteine und andere Nährstoffe.

REISSIRUP: Der Sirup mit honigähnlicher Konsistenz gibt Gerichten eine süße Note und eine glänzende Oberfläche.

SHIITAKEPILZE: Diese großen, schwarzen, stark duftenden Pilze sind frisch und getrocknet erhältlich. Sie sind in der japanischen Küche sehr beliebt.

SOJU: Dieser relativ starke Alkohol wird aus Reis und Süßkartoffeln hergestellt. Man kann ihn als Aperitif trinken oder als Zutat in bestimmten Gerichten verwenden. Es gibt auch Versionen mit Fruchtaroma.

SSAMJANG: Diese würzige Sojapaste wird aus Doenjang, Gochujang, Sesamöl, Zwiebeln, Knoblauch, grünen Zwiebeln und manchmal braunem Zucker hergestellt. Man kann sie selbst zubereiten oder im Handel kaufen. Sie passt hervorragend zu gegrilltem Fleisch.

TTEOK: Tteok sind gedämpfte Klebreisplätzchen. Sie werden in Form von Strängen gebacken und können anschließend in Streifen geschnitten werden. Tteokbokki mit Gochujang gehören zu den beliebtesten Streetfood-Gerichten auf den koreanischen Märkten.

Alle Zutaten, die in den folgenden Rezepten mit einem * markiert sind, werden hier erklärt!

ERDE

MANDU-TEIG

ERGIBT 16 TEIGBLÄTTER

ZUBEREITUNG: 20 MIN.

WARTEZEIT: 1 STD.

230 g Mehl (Type 405) + 30 g zum Ausrollen
10 ml Pflanzenöl (z. B. Erdnuss)
1 Eiweiß (30 g)

Mehl, Öl, Eiweiß und 100 ml Wasser in eine Schüssel geben.

Alles mit den Knethaken des Handrührgeräts oder mit der Hand 5 Minuten zu einem Teig verarbeiten. Der Teig sollte homogen und leicht klebrig sein.

Die Schüssel mit Frischhaltefolie abdecken und 1 Stunde in den Kühlschrank stellen, um die Elastizität des Teigs zu verringern.

Nach der Ruhezeit den Teig in 16 Kugeln mit einem Durchmesser von ca. 4 cm teilen. Die Kugeln auf einer leicht bemehlten Arbeitsfläche zu Scheiben mit einem Durchmesser von ca. 10 cm ausrollen.

Aus Backpapier 16 Quadrate mit einem Durchmesser von 13 cm schneiden.

Teigscheiben und Backpapierquadrate abwechselnd übereinanderstapeln.

Den Stapel in Frischhaltefolie wickeln und bis zur Verwendung (maximal 48 Stunden) in den Kühlschrank stellen.

MANDU 고기만두 - TEIGTASCHEN MIT SCHWEINEFLEISCH

ERGIBT 16 STÜCK

ZUBEREITUNG: 20 MIN.

WARTEZEIT: 20 MIN.

GARZEIT: 16 MIN.

16 Blätter Mandu-Teig (Rezept S. 16)
3 EL Sojasoße zum Servieren

Für die Füllung:
80 g Reis-Vermicelli (Asia-Laden oder Supermarkt)
1 Knoblauchzehe
3 cm frischer Ingwer
1 Frühlingszwiebel
100 g Champignons
¼ Chinakohl
etwas Öl zum Anbraten
150 g Schweinehackfleisch
2 EL Sesamöl
Salz

Spezielles Zubehör:
Dämpfkorb (nach Belieben)

Für die Füllung die Reis-Vermicelli in einem Topf mit kochendem Salzwasser nach Packungsangabe ziehen lassen. Abtropfen lassen.

Knoblauch und Ingwer schälen und hacken. Die Frühlingszwiebel hacken. Die Pilze waschen und putzen, dann die Stiele abschneiden und hacken. Den Kohl fein hacken. Öl in einer Pfanne erhitzen und alles leicht anbraten. Schweinefleisch und Reisnudeln zugeben und 1 Minute mitgaren. Gut verrühren.

In eine Schüssel füllen und mit dem Sesamöl vermischen, damit eine gleichmäßige Füllung entsteht.

In die Mitte eines Teigblatts 1 TL Füllung geben. Die Teigränder mit etwas Wasser anfeuchten, dann den Teig zur Hälfte falten, sodass ein Halbmond entsteht. Die beiden Ecken umfalten und gut zusammendrücken.

Die restlichen Teigblätter ebenso füllen.

Mandu im Dämpfkorb zubereiten: Einen Kreis aus Backpapier in den Dämpfkorb legen und die Mandu daraufsetzen. Den Korb auf einen Topf mit kochendem Wasser stellen, zudecken und 12 Minuten bei mittlerer Hitze dämpfen.

Mandu in der Pfanne braten: 2 Spritzer neutrales Öl in einer beschichteten Pfanne erhitzen. Die Mandu hineinlegen und etwa 7 Minuten bei mittlerer Hitze rösten. Wenn die Unterseiten der Mandu gebräunt sind, 80 ml Wasser angießen und die Pfanne abdecken. Die Mandu weitere 5 Minuten garen.

Die Mandu heiß mit Sojasoße servieren.

Jjin-Mandu (찐만두) werden in einem Dämpfkorb gegart. Von Gun-Mandu (군만두) spricht man, wenn sie in der Pfanne gebraten werden. Der Name leitet sich von guun-mandu (구운만두=>군만두) ab, was wörtlich »gebratene Klöße« bedeutet.

MANDU MIT KIMCHI

ERGIBT 16 STÜCK

ZUBEREITUNG: 20 MIN.

WARTEZEIT: 20 MIN.

GARZEIT: 16 MIN.

16 Mandu-Teigblätter (Rezept S. 16)
3 EL Sojasoße zum Servieren

Für die Füllung:
260 g fester Tofu
150 g Kimchi* (Rezept S. 92)
150 g Zucchini
3 Frühlingszwiebeln
2 zerdrückte Knoblauchzehen
¼ TL Salz
1 TL Sesamöl
¼ TL Zucker
1 Prise Pfeffer

neutrales Öl

Spezielles Zubehör:
Dämpfkorb (nach Belieben)

Für die Füllung den Tofu zerböseln und den Kimchi klein schneiden. Die Zucchini und die Frühlingszwiebeln waschen. Dann den Knoblauch, die Zucchini und die Frühlingszwiebeln fein hacken. Alle Zutaten für die Füllung so lange mischen, bis eine homogene Masse entsteht.

In die Mitte eines Teigblatts 1 TL Füllung geben. Die Teigränder mit etwas Wasser anfeuchten, dann den Teig zur Hälfte falten, sodass ein Halbmond entsteht. Die beiden Ecken umfalten und gut zusammendrücken.

Die restlichen Teigblätter ebenso füllen.

Mandu im Dämpfkorb zubereiten: Einen Kreis aus Backpapier in den Dämpfkorb legen und die Mandu daraufsetzen. Den Korb auf einen Topf mit kochendem Wasser stellen, zudecken und 12 Minuten bei mittlerer Hitze dämpfen.

Mandu in der Pfanne braten: 2 Spritzer neutrales Öl in einer beschichteten Pfanne erhitzen. Die Mandu hineinlegen und etwa 7 Minuten bei mittlerer Hitze rösten. Wenn die Unterseiten der Mandu gebräunt sind, 80 ml Wasser angießen und die Pfanne abdecken. Die Mandu weitere 5 Minuten garen.

Die Mandu heiß mit Sojasoße servieren.

Foto siehe Seite 22

GEBACKENE SÜSSKARTOFFELN

FÜR 4 SÜSSKARTOFFELN

ZUBEREITUNG: 5 MIN.

GARZEIT: 45 MIN.

WARTEZEIT: 5 MIN.

4 schöne, große Süßkartoffeln mit orangefarbenem Fleisch

Spezielles Zubehör:
Backpapier
Alufolie

Den Backofen auf 220 °C vorheizen. Die Süßkartoffeln gründlich waschen und in einem sauberen Tuch abtrocknen.

Aus Alufolie und Backpapier Rechtecke zuschneiden, die groß genug sind, um die Süßkartoffeln einzuwickeln. Die Süßkartoffeln zuerst in das Backpapier und dann in die Alufolie wickeln.

Die eingewickelten Süßkartoffeln auf ein Backblech legen und mindestens 45 Minuten im Ofen garen. Nach dem Backen 5 Minuten abkühlen lassen, dann auswickeln. Die Süßkartoffeln werden üblicherweise einfach aus der Hand gegessen, die Schale zieht man ab. Sie werden im Winter oft von Straßenhändlern mit Eisenöfen verkauft. Man kann sich an ihnen gut die Hände wärmen, ähnlich wie an gerösteten Maronen.

Foto siehe Seite 23

CORN DOGS 핫도그

ERGIBT 6 SPIESSE

ZUBEREITUNG: 30 MIN.

WARTEZEIT: 1 STD. + 10 MIN.

GARZEIT: 5 MIN.

4 kleine Wiener Würstchen (12 cm)
240 g Mozzarella
1 große Kartoffel (150 g)
20 g Speisestärke
150 g Instant-Ramen natur
1 l Öl zum Frittieren
150 g Semmelbrösel
Salz
Zucker

Für den Teig:
4 g Trockenhefe
1 Ei
20 g Zucker
4 g Salz
150 g Mehl (Type 405)
50 g Reismehl
Ketchup
Senf

Spezielles Zubehör:
6 Holzspieße

Für den Teig die Hefe mit 100 ml lauwarmem Wasser verrühren. 10 Minuten stehen lassen.

Das Ei mit dem Zucker und dem Salz in einer Schüssel schaumig schlagen. Die Mehle und den Hefeansatz dazugeben. Den Teig mit den Händen 5 Minuten verarbeiten. 1 Stunde bei Zimmertemperatur ruhen lassen.

Die Würstchen 1 Minute in einen Topf mit kochendem Salzwasser legen. Abtropfen lassen.

Den Mozzarella in 4 Stücke von der Größe eines halben Würstchens schneiden.

2 ganze Würste auf zwei Holzspieße stecken. Die restlichen Würste halbieren.

Auf die restlichen 4 Holzspieße jeweils ½ Wurst und 1 Stück Mozzarella stecken.

Die Kartoffel schälen, in kleine Stücke schneiden und in einen Topf mit Salzwasser legen. Zum Kochen bringen und 3 Minuten kochen lassen. Gut abtropfen lassen und mit der Speisestärke verrühren.

Die Nudeln zerkleinern. Das Öl zum Frittieren auf 190 °C erhitzen.

Jeden Spieß mit etwas Teig umwickeln. 2 Spieße in der Kartoffelmischung wälzen, 2 Spieße in Semmelbröseln wälzen und die restlichen 2 Spieße in den zerkleinerten Nudeln wälzen.

Die Spieße zweimal 1 Minute in das heiße Öl tauchen. Nach der Hälfte der Zeit umdrehen. Auf einem Stück Backpapier abtropfen lassen und mit Salz und Zucker bestreuen.

Die Corn Dogs mit Ketchup und Senf servieren.

Corn Dogs sind ein Klassiker des koreanischen Streetfood! In Korea werden sie einfach Hotdogs genannt.

SOTTEOK 소떡소떡 – REISPLÄTZCHEN-SPIESSE

ERGIBT 6 SPIESSE
ZUBEREITUNG: 20 MIN.
GARZEIT: 10 MIN.

4 Wiener Würstchen (ca. 300 g)
15 Tteok* (Fertigprodukt)
Salz
1 l Erdnussöl
15 g Sesam
3 Stängel Frühlingszwiebel

Für die Soße:
30 g Ketchup
15 g Honig
20 g Gochujang*
25 g Senf mit Honig

Spezielles Zubehör:
Holzspieße

Jedes Würstchen in 3 Stücke schneiden.

Die Tteok 4 Minuten in kochendes Salzwasser legen. Abtropfen lassen, aber das Kochwasser dabei aufbewahren.

Die Würstchen im selben Wasser 3 Minuten garen. Abtropfen lassen.

Jeweils 2 Wurststücke und 3 Tteok oder 3 Wurststücke und 2 Tteok aufspießen.

Ketchup, Honig und Gochujang in einen kleinen Topf geben. Bei schwacher Hitze 1 Minute köcheln lassen.

Das Erdnussöl in einem Topf auf 190 °C erhitzen. Die Spieße ca. 1 Minute frittieren, bis sie knusprig sind.

Auf Küchenpapier abtropfen lassen und sofort mit der heißen Soße und dem Honigsenf bestreichen.

Mit Sesam und gehackter Frühlingszwiebel bestreuen.

Sofort servieren.

Für Tteok-Gochi werden keine Würstchen verwendet, sondern lediglich 4 oder 5 Tteok aufgespießt.

BIBIMBAP 비빔밥

FÜR 2 PERSONEN

ZUBEREITUNG: 25 MIN.

GARZEIT: 30 MIN.

180 g Rundkornreis
1 Karotte
⅓ Gurke
1 Handvoll Zuckerschoten
2 Pak Choi
1 Handvoll Sojasprossen
Salz
Erdnussöl
150 g zartes Rindfleisch
1 EL Austernsoße
2 Eier

Für die Soße:
1 EL Austernsoße*
6 EL Sojasoße
1 TL schwarzer Reisessig
1 TL Gochugaru*
1 kleine Knoblauchzehe, gehackt
1 Frühlingszwiebel, gehackt
1 TL Sesam

80 g Kimchi zum Servieren
(nach Belieben, Rezept S. 92)

Spezielles Zubehör:
2 große Schalen zum Servieren

Den Reis in einen Topf geben. Mit Wasser bedecken, umrühren und das Wasser abgießen. Diesen Vorgang noch zweimal wiederholen. Danach den Reis und das 3-Fache seines Volumens an Wasser in den Topf geben. Zum Kochen bringen, dann die Hitze reduzieren und 12 Minuten weiterköcheln lassen. Wenn der Reis fast gar ist und noch ein Rest Wasser im Topf übrig ist, den Topf abdecken und bei ausgeschaltetem Herd 10 Minuten quellen lassen.

Alle Zutaten für die Soße in einer Schüssel verrühren.

Die Karotte schälen und in Stifte schneiden. Aus der Gurke mit einem Sparschäler Bänder schneiden. Zuckerschoten und Pak Choi klein schneiden. Karotte und Zuckerschoten in separaten Töpfen 3 Minuten in kochendem Salzwasser garen.

Sojasprossen und Pak Choi getrennt in einer Pfanne mit einem Schuss Erdnussöl anbraten.

Das Rindfleisch in Streifen schneiden und mit etwas Erdnussöl in derselben Pfanne braten. Die Austernsoße unterrühren und weitere 30 Minuten braten.

Die Spiegeleier in einer beschichteten Pfanne mit einem guten Schuss Erdnussöl braten.

Zum Servieren den Reis auf dem Boden der großen Schalen verteilen. Die verschiedenen Beilagen harmonisch auf dem Reis anrichten. Das Ganze großzügig mit der Soße beträufeln und warm servieren, am besten mit Kimchi!

JJAJANGMYEON 짜장면 – BRATNUDELN MIT SCHWEINEFLEISCH

FÜR 4 PERSONEN

ZUBEREITUNG: 20 MIN.

GARZEIT: 13 MIN.

¼ Kopf Weißkohl
1 gelbe Zwiebel
10 cm Lauch
1 Zucchini
150 g Chunjang*
50 ml Erdnussöl
200 g Speckwürfel
1 EL Austernsoße*
1 EL Zucker
3 EL Sojasoße
4 Portionen frische Weizennudeln (ersatzweise getrocknete)
Salz
⅓ Gurke zum Servieren (nach Belieben)

Die äußeren Blätter des Kohls entfernen. Zwiebel und Lauch abziehen. Kohl, Zwiebel und Zucchini in kleine Stücke schneiden. Den Lauch in dünne Ringe schneiden.

Die Chunjang in einem Wok oder einer beschichteten Pfanne mit 2 EL Erdnussöl 5 Minuten anbraten, bis sie eine etwas »teerige« Konsistenz bekommt. Beiseitestellen.

Im gleichen Wok die Speckwürfel in einem Schuss Öl 3 Minuten anbraten. Kohl, Lauch, Zucchini, Zwiebel, vorgegarte Chunjang, Austernsoße, Zucker und Sojasoße hinzufügen.

500 ml Wasser unterrühren und alles 5 Minuten unter häufigem Rühren köcheln lassen. Die Nudeln in einen Topf mit kochendem Salzwasser nach Packungsangabe garen, dann abtropfen lassen.

Die Nudeln in Schalen oder tiefe Teller füllen. Beilagen und Soße darauf verteilen.

Nach Belieben mit feinen Streifen roher Gurke garnieren.

COLD BREWED
Cass
Fresh
COLD BREWED

BAP BURGER 밥버거 – KOREANISCHE REIS-BURGER

ERGIBT 2 STÜCK

ZUBEREITUNG: 15 MIN.

GARZEIT: 15 MIN.

80 g Rundkornreis
1 EL Sesam + mehr zum Bestreuen
2 Prisen Salz
1 Prise Zucker
1 EL Nori-Flocken*
200 g Bulgogi-Rindfleisch (Rezept S. 52)
2 EL Kimchi*
2 kleine Salatblätter

Den Reis in einem Sieb unter fließendem Wasser abspülen. Den Reis mit der doppelten Menge Wasser und dem Sesam in einen Topf geben. Salz und Zucker hinzufügen, zum Kochen bringen, dann zugedeckt bei schwacher Hitze 15 Minuten garen, bis der Reis das gesamte Wasser aufgenommen hat. Der Reis soll gar und leicht klebrig sein.

Die Hälfte der Nori-Flocken unter den Reis mischen. (Falls nötig, ganze Nori-Blätter mit einem Messer oder einer Schere klein schneiden.)

Das Bulgogi in einer Pfanne oder in der Mikrowelle erwärmen.

Eine Schüssel mit einem Durchmesser von 8 cm mit Frischhaltefolie auslegen. 4 EL gegarten Reis hineingeben. Dann in der folgenden Reihenfolge hinzufügen: 1 EL Kimchi, die Hälfte des Bulgogi und 1 Salatblatt.

Mit Reis bedecken und fest mit Frischhaltefolie abdecken, um den Reis zu verdichten. Die Folie entfernen und den Burger auf ein Brett stürzen.

Den zweiten Burger ebenso formen.

Mit Nori-Flocken und Sesam bestreuen.

Achte darauf, dass Kimchi und Bulgogi nicht zu flüssig sind, damit der Reis nicht aufgeweicht wird. Wer mag, kann zusätzlich 1 TL Mayonnaise in die Bap Burger geben.

ORI JUMULLEOK 오리주물럭 - MARINIERTE GEBRATENE ENTE

FÜR 2-3 PERSONEN

ZUBEREITUNG: 20 MIN.

MARINIERZEIT: 2-12 STD.

GARZEIT: 6 MIN.

7 cm Lauch
½ Kiwi
¼ Kopf Weißkohl
½ roter Apfel
½ Zucchini
1 Entenbrust (ca. 350 g)
2 EL Erdnussöl
1 TL Maisstärke

Für die Marinade:
1 Zwiebel mit Grün
4 EL Sojasoße
2 EL Honig
1 EL Gochujang*
1 EL gemahlener Ingwer
1 EL Weißwein
1 Prise Pfeffer
1 Msp. Gochugaru*

Die Zwiebel abziehen und hacken. Alle Zutaten für die Marinade in einer großen Schüssel verrühren.

Den Lauch abziehen. Die Kiwi schälen. Vom Kohl die äußeren Blätter entfernen. Den halben Apfel entkernen. Zucchini, Lauch, Kiwi, Kohl und Apfel in mundgerechte Stücke schneiden.

Das sichtbare Fett von der Entenbrust entfernen. Das Fleisch in dünne Scheiben schneiden. Ente, Obst und Gemüse mit der Marinade mischen. Mit Frischhaltefolie abdecken und mindestens 2 Stunden (oder bis zu 12 Stunden) in den Kühlschrank stellen.

Die Mischung abtropfen lassen, dabei die Marinade aufbewahren.

Die Mischung in einem Wok oder einer großen Pfanne bei starker Hitze 2–3 Minuten mit dem Erdnussöl anbraten.

Die Maisstärke mit der aufgefangenen Marinade glatt rühren und in den Wok gießen.

Die Hitze reduzieren und die Soße bei schwacher Hitze unter Rühren 1 Minute köcheln lassen. Sehr heiß servieren.

Wer möchte, garniert das Gericht mit feinen Streifen von rohem Apfel.

SUNDAE 순대 – KOREANISCHE BLUTWURSTSPIESSE

FÜR 2 PERSONEN

ZUBEREITUNG: 15 MIN.

GARZEIT: 5 MIN.

200 g Blutwurst
2 Stängel Frühlingszwiebeln

Für die Soße:
1 Knoblauchzehe
5 cm frischer Ingwer
6 EL Sojasoße
½ TL Speisestärke
1 EL Gochujang*
1 EL Sesam
2 EL Erdnussöl

Spezielles Zubehör:
Plancha
4 Holzspieße

Die Blutwurst in 4 cm dicke Stücke schneiden. Jeweils 4 Blutwurststücke auf einen Spieß stecken.

Die Spieße 5 Minuten auf der Plancha grillen. Nach der Hälfte der Garzeit wenden. Knoblauch und Ingwer schälen und reiben.

Alle Zutaten für die Soße mit 1 EL Wasser in einen Topf geben. Mit einem kleinen Schneebesen verrühren, bis die Speisestärke vollständig aufgelöst ist. 30 Sekunden unter ständigem Rühren aufkochen.

Die Spieße mit der Soße bestreichen.

Mit frisch gehackter Frühlingszwiebel bestreuen. Sofort servieren.

Die Spieße auf einem Bett aus Fadennudeln servieren. Nach Belieben mit Korianderblättern garnieren (was jedoch nicht ganz authentisch ist). Echte koreanische Blutwurst oder Sundae enthält Gemüse oder Reisnudeln. Da sie in Deutschland schwer zu bekommen ist, haben wir ein Rezept entwickelt, das dem authentischen Geschmack so nahe wie möglich kommt – ganz ohne lange Flugreise.

JJIMDAK 찜닭- HÄHNCHEN MIT GEMÜSE

FÜR 2 PERSONEN

ZUBEREITUNG: 20 MIN.

GARZEIT: 8 MIN.

300 g Hühnerfleisch (möglichst aus der Keule)
200 g Süßkartoffel- oder Reis-Vermicelli
200 g Shiitakepilze*
200 g Spinat
1 Karotte
2 Frühlingszwiebeln
3 EL Erdnussöl
Salz, Pfeffer

Für die Soße:
1–2 frische rote Chilischoten
3 Knoblauchzehen
5 cm frischer Ingwer
5 EL Sojasoße
20 g brauner Zucker
1 EL geröstetes Sesamöl
1 EL weißer Sesam

Für die Soße die roten Chilischoten hacken, den Knoblauch und den Ingwer schälen und reiben. Alle Zutaten für die Soße in einer Schüssel verrühren und beiseitestellen.

Das Hühnerfleisch in Stücke schneiden.

Die Vermicelli in einem Topf mit kochendem Salzwasser nach Packungsangabe garen. Abgießen und abtropfen lassen.

Die Pilze putzen und die Stiele entfernen. Jeden Pilz in drei oder vier Stücke schneiden.

Den Spinat entstielen und grob hacken. Die Karotte schälen und in Stifte schneiden. Die Frühlingszwiebeln in dünne Ringe schneiden.

Das Fleisch in einem Wok oder einer großen beschichteten Pfanne mit einem guten Schuss Öl 3 Minuten scharf anbraten. Shiitakepilze, Spinat, Karotte und Frühlingszwiebeln zugeben. Weitere 5 Minuten braten.

Vermicelli und Soße unterheben, mit Salz und Pfeffer würzen und umrühren.

Sofort servieren.

CUP-BAP 컵밥 – REISSCHALE MIT HUHN

FÜR 2 PERSONEN

ZUBEREITUNG: 20 MIN.

GARZEIT: 25 MIN.

150 g Rundkornreis
1 Knoblauchzehe
5 cm frischer Ingwer
250 g Hühnerfleisch (möglichst aus der Keule)
2 EL Erdnussöl
1 EL Currypulver
2 EL Sojasoße
1 EL Gochujang*
1 TL Austernsoße*
1 EL Honig
½ Nori-Blatt*
4 Stängel Koriander
2 EL Mayonnaise

Den Reis in einen Topf geben. Mit Wasser bedecken, umrühren und das Wasser abgießen. Diesen Vorgang noch zweimal wiederholen. Den Reis mit der doppelten Menge Wasser in den Topf geben. Zum Kochen bringen, dann die Hitze reduzieren und 12 Minuten weiterköcheln lassen. Wenn der Reis fast gar ist und noch ein Rest Wasser übrig ist, abdecken und bei ausgeschaltetem Herd 10 Minuten quellen lassen.

Knoblauch und Ingwer schälen und reiben.

Das Hühnerfleisch in kleine Stücke schneiden und in einem Wok oder einer großen beschichteten Pfanne mit einem guten Schuss Erdnussöl bei starker Hitze 1 Minute scharf anbraten. Knoblauch, Ingwer, Curry, Sojasoße, Gochujang, Austernsoße und Honig zugeben. 2 Minuten bei schwacher Hitze köcheln lassen.

Das Nori-Blatt und den Koriander hacken.

Den Reis auf zwei Schalen verteilen. Fleisch und Soße darauf anrichten. Mit Nori-Stücken, Koriander und Mayonnaise garnieren.

Der Begriff »Cup-Bap«, gebildet aus dem Wort »bap« (Reis), bezeichnet ein Foodtruck-Gericht, das in einer Einwegschale serviert wird. Diese vereinfachte Version des Bibimbap ist vor allem bei Studierenden sehr beliebt.

DAKKOCHI 닭꼬치 - HÄHNCHENSPIESSE

FÜR 2 PERSONEN (8 SPIESSE)

ZUBEREITUNG: 15 MIN.

GARZEIT: 8 MIN.

600 g Hühnerfleisch (möglichst aus der Keule)
2 Frühlingszwiebeln (grüner Teil)
1 TL Sesam
2 Portionen gekochter Reis (nach Belieben)

Für die Soße:
2 Knoblauchzehen
6 EL Sojasoße
1 TL Austernsoße*
1 TL Honig
1 TL Reisessig
1 TL Gochujang*

Spezielles Zubehör:
Plancha
16 Holzspieße

Den Knoblauch abziehen und reiben. Alle Zutaten für die Soße in einer Schüssel verrühren und beiseitestellen.

Das Hühnerfleisch in 5 × 2 cm große Stücke schneiden.

Die Frühlingszwiebeln in 5 cm lange Stücke schneiden.

Jeweils 2 Spieße nebeneinanderlegen und abwechselnd Hähnchen- und Zwiebelstücke daraufstecken. Insgesamt 8 solcher Doppelspieße vorbereiten. (Die Holzspieße werden paarweise verwendet, um sie leichter wenden zu können.)

Die Spieße auf der Plancha 8 Minuten grillen. Nach der Hälfte der Garzeit umdrehen.
Die Spieße am Ende der Garzeit großzügig mit der Soße bestreichen.

Mit Sesam bestreuen. Mit weißem Reis servieren.

YANGNYEOM CHICKEN 양념치킨 - BRATHÄHNCHEN

FÜR 4 PERSONEN

ZUBEREITUNG: 20 MIN.

GARZEIT: 10 MIN.

3 Eier
Salz, Pfeffer
1 l Erdnussöl
8 Hähnchenschenkel
60 g Kartoffelstärke
150 g Paniermehl
2 Frühlingszwiebeln

Für die Soße:
2 Knoblauchzehen
1 EL Gochugaru*
4 EL Sojasoße
2 EL Sesamöl
1 EL gemahlener Sesam (nach Belieben)

Für die Soße den Knoblauch schälen und hacken. Die Zutaten für die Soße verrühren und beiseitestellen.

Die Eier in einer Schüssel mit etwas Salz und Pfeffer verquirlen.

Das Erdnussöl auf ca. 160 °C erhitzen.

Die Hähnchenschenkel mit Küchenpapier trocken tupfen. Mit Kartoffelstärke bestäuben, in das verquirlte Ei tauchen und danach in Paniermehl wenden.

Im heißen Öl 10 Minuten frittieren. Auf Küchenpapier abtropfen lassen.

Die Hähnchenschenkel heiß mit der Soße bestreichen.

Mit gehackten Frühlingszwiebeln bestreuen und servieren.

In Korea trinkt man zu Gerichten mit Hühnerfleisch gern Bier. In diesem Fall wird dieses Gericht »Chimaek« genannt.

TANGSUYUK 탕수육 – KNUSPRIGES SCHWEINEFLEISCH IN SÜSSSAURER SOSSE

FÜR 4 PERSONEN

ZUBEREITUNG: 20 MIN.

EINWEICHZEIT: 30 MIN.

GARZEIT: 15 MIN.

Für das Schweinefleisch:
500 g zartes Schweinefleisch
1 Ei
1 TL Salz
200 g Kartoffelstärke
1 l Erdnussöl

Für die süßsaure Soße:
1 Handvoll getrocknete schwarze Pilze
½ Karotte
½ Zwiebel
1 rote Paprikaschote
3 cm Salatgurke
4 cm frischer Ingwer
1 EL Erdnussöl
6 EL Zucker
4 EL Apfelessig
2 EL Sojasoße
1 EL Ketchup
1 EL Speisestärke

Die schwarzen Pilze 30 Minuten in reichlich Wasser einweichen.

Karotte und Zwiebel schälen. Die Paprikaschote entkernen. Karotte, Zwiebel, Paprika, Pilze und Gurke fein würfeln.

Den Ingwer schälen und reiben.

Den Ingwer in einem Wok oder einer beschichteten Pfanne mit einem Schuss Erdnussöl 10 Sekunden braten. Karotte, Zwiebel, Paprika, Pilze und Gurke hinzufügen und 2 Minuten mitbraten.

300 ml Wasser, Zucker, Apfelessig, Sojasoße und Ketchup zugeben und 5 Minuten köcheln lassen. 1 Glas der Flüssigkeit aus dem Wok nehmen und die Speisestärke darin glatt rühren. Wieder in den Wok geben und die Soße unter ständigem Rühren 1 Minute köcheln lassen.

Das Schweinefleisch in Streifen schneiden.

Das Ei in einer Schüssel mit dem Salz mischen, dann allmählich die Kartoffelstärke und 200 ml Wasser unterrühren.

Das Fleisch in dem Teig wenden. Das Öl in einem Topf auf ca. 180 °C erhitzen. Die mit Teig umhüllten Fleischstücke nacheinander in das heiße Öl legen. Etwa 5 Minuten frittieren. Sie sind gar, wenn sie an die Oberfläche steigen.

Auf Küchenpapier abtropfen lassen.

Die süßsaure Soße direkt über das Schweinefleisch geben oder separat servieren.

Anstelle von Salatgurke können auch Cornichons verwendet werden. Wie Pommes frites können die Schweinefleischstücke direkt vor dem Servieren noch einmal kurz in 190 °C heißes Öl getaucht werden, damit sie noch knuspriger werden.

JOKBAL 족발 - SCHWEINSFÜSSE

FÜR 4 PERSONEN

ZUBEREITUNG: 1 STD. + 30 MIN.

EINWEICHZEIT: 12 STD.

GARZEIT: 3 STD.

1,5 kg Schweinsfuß (Haxe und Pfote)
1 TL gerösteter Sesam
einige Salatblätter
1 grüne Chilischote
40 g Ssamjang*
80 g Kimchi*

Für die Brühe:
1 Apfel
5 cm frischer Ingwer
2 Frühlingszwiebeln
8 Knoblauchzehen
2 EL Doenjang*
3 EL Mirin*
3 EL Sojasoße
40 g brauner Zucker
1 EL Salz
3 EL Reissirup*
4 kleine frische rote Chilischoten
1 Sternanis
1 Zimtstange
1 Espresso
Pfeffer

Spezielles Zubehör:
feines Sieb

Die Schweinsfüße unter kaltem Wasser gut abspülen, dann 12 Stunden in kaltes Wasser legen. Das Wasser alle 3–4 Stunden wechseln.

Apfel und Ingwer schälen, Frühlingszwiebeln und Knoblauch abziehen. Den Apfel und den weißen Teil der Zwiebeln in grobe Stücke schneiden, das Grün beiseitelegen. Ingwer und Knoblauch grob hacken.

Die Schweinsfüße mit beiden Händen unter Wasser abreiben, um Unreinheiten zu entfernen. In einen Topf mit Wasser geben und 20–25 Minuten kochen lassen. Die Schweinsfüße herausnehmen und abtropfen lassen, den Topf ausspülen.

Die Schweinsfüße wieder in den Topf legen und mit kaltem Wasser bedecken. Apfel, Ingwer, das Weiße der Zwiebeln und den Knoblauch zugeben. Doenjang, Mirin, Sojasoße, braunen Zucker, Salz, Reissirup, ganze rote Chilischoten, Sternanis, Zimt, Kaffee und Pfeffer hinzufügen und alles 2–3 Stunden köcheln lassen, bis das Fleisch sehr mürbe ist. Das Fleisch herausnehmen und abtropfen lassen. Die Brühe durch ein feines Sieb gießen.

Fleisch und Brühe wieder in den Topf geben. Die Flüssigkeit 10 Minuten bei starker Hitze reduzieren, dann das Fleisch herausnehmen und abtropfen lassen.

Das Fleisch von den Knochen lösen und in dünne Scheiben schneiden.

Mit gehacktem Zwiebelgrün und Sesam bestreuen. Mit Kopfsalat, gehackter grüner Chili, Ssamjang und Kimchi servieren.

BULGOGI 불고기 – GEBRATENES RINDFLEISCH

FÜR 4 PERSONEN
ZUBEREITUNG: 15 MIN.
MARINIERZEIT: 3 STD.
GARZEIT: 10 MIN.

700 g zartes Rindfleisch
6 Frühlingszwiebeln
Erdnussöl
1 EL gerösteter Sesam

Für die Marinade:
2 kleine grüne Chilischoten
4 Knoblauchzehen
120 ml Sojasoße
30 g brauner Zucker
60 g Honig
40 ml Sesamöl
40 ml Soju* oder Mirin*

Das Fleisch quer zur Faserrichtung in dünne Streifen schneiden.

Die Frühlingszwiebeln in 5 cm lange Stücke schneiden. Die Chilischoten hacken. Den Knoblauch abziehen und hacken. Frühlingszwiebeln und Fleisch mit allen Zutaten der Marinade in einer Schüssel mischen. Mit Frischhaltefolie abdecken und 3 Stunden in den Kühlschrank stellen.

Die Hälfte des Fleisches und der Marinade in einer großen beschichteten Pfanne mit einem Schuss Erdnussöl 5 Minuten scharf anbraten.

Restliches Fleisch und Marinade ebenso braten.

Mit geröstetem Sesam bestreuen.

Das Fleisch lässt sich leichter schneiden, wenn man es 1 Stunde vorher ins Gefrierfach legt.

MEER

HAEMUL PAJEON 해물파전 – PFANNKUCHEN MIT FRÜHLINGSZWIEBELN UND MEERESFRÜCHTEN

FÜR 2 PERSONEN

ZUBEREITUNG: 10 MIN.

GARZEIT: 5 MIN.

1 Ei
100 g Weizenmehl
2 Prisen Salz
2 Prisen Pfeffer
2 Frühlingszwiebeln
⅓ rote Paprikaschote
120 g gemischte Meeresfrüchte (Garnelen, Miesmuscheln, Tintenfisch …)
4 EL Erdnussöl

Das Ei in einer großen Schüssel mit dem Mehl, 100 ml Wasser, Salz und Pfeffer zu einem glatten Teig verquirlen.

Die Frühlingszwiebeln der Länge nach halbieren und dann in 4 cm lange Stücke schneiden.

Die Paprika entkernen und in kleine Stücke schneiden.

Paprika, Frühlingszwiebel und Meeresfrüchte in den Teig geben.

Das Erdnussöl in einer großen beschichteten Pfanne erhitzen. Die Teigmasse mithilfe eines Schöpflöffels in die Pfanne geben und verteilen. Die Hitze reduzieren und 3 Minuten backen.

Wenn der Teig gar ist, den Pfannkuchen mit einem Pfannenwender umdrehen und die andere Seite weitere 2 Minuten backen.

Sofort servieren.

Dazu passt Sojasoße, die mit etwas Sesam verrührt ist.

EOMUK 오뭉 - MEERESFRÜCHTE-KROKETTEN MIT GEMÜSE

FÜR 4 PERSONEN

ZUBEREITUNG: 20 MIN.

GARZEIT: 15 MIN.

150 g gekochte Garnelen
300 g weißes Fischfilet
250 g roher Tintenfisch
8 cm Lauch, nur der weiße Teil
1 Karotte
1 Eiweiß
1 l Erdnussöl
50 g Mehl (Type 405)
50 g Speisestärke
½ EL Zucker
4 Prisen Salz
2 Prisen Pfeffer

Die Garnelen schälen. Fisch, Tintenfisch und Garnelen putzen und grob zerkleinern.

Den Lauch abziehen, die Karotte schälen, dann beides hacken.

Fisch, Garnelen und Tintenfisch mit dem Eiweiß und 2 EL Erdnussöl im Mixer zu einer homogenen Masse zerkleinern.

Mehl, Speisestärke, Zucker, Salz und Pfeffer in einer großen Schüssel mischen. Das restliche Öl in einem großen Topf auf 180 °C erhitzen.

Die Fischmasse mit der Mehlmischung und dem Gemüse gleichmäßig vermengen.

Aus dem Teig kleine Kugeln oder Stränge formen. In das heiße Öl tauchen und 4 Minuten frittieren, bis sie außen goldbraun sind. Wiederholen, bis der gesamte Teig verbraucht ist.

Die Kroketten auf Küchenpapier abtropfen lassen und heiß servieren.

Dazu schmeckt eine Brühe (z. B. Brühe für Odeng und Eomuk, Rezept Seite 110).

ODENG 오뎅 – FISCHKUCHEN-SPIESSE

FÜR 6 PERSONEN

ZUBEREITUNG: 20 MIN.

GARZEIT: 15 MIN.

1 Packung koreanischer Fischkuchen (Fertigprodukt)
1 l Brühe für Odeng (siehe S. 110)

Spezielles Zubehör:
Spießchen (nach Belieben)

Die Fischkuchen in 2–3 cm breite Streifen schneiden und ziehharmonikaförmig auf die Spieße stecken.

Die Brühe in einem großen Topf zum Köcheln bringen und die Spieße hineinlegen (nicht ganz untertauchen, damit sie leicht wieder herausgenommen werden können). Einige Minuten köcheln lassen, bis die Spieße heiß sind.

Die Spieße sofort servieren, nach Belieben in einer Schale mit Brühe.

HUMMER MIT KÄSE

FÜR 4 PERSONEN
ZUBEREITUNG: 15 MIN.
GARZEIT: 3 MIN.

80 g Gouda
4 Hummerschwänze
40 g Butter
2 EL Gochujang*
2 EL Mirin*
1 EL Honig
2 EL gehackter Schnittlauch

Spezielles Zubehör:
Küchenschere
Flambierbrenner

Den Gouda in kleine Würfel schneiden.

Die Schalen der Hummerschwänze auf der Bauchseite mit einer Küchenschere aufschneiden.

Das Fleisch aus den Schalen nehmen, in kleine Stücke schneiden und alles wieder in die Schalen geben.

Den Backofen auf 200 °C vorheizen.

Butter, Gochujang, Mirin und Honig in einen Topf geben. Bei schwacher Hitze erwärmen, bis die Butter schmilzt, dann umrühren.

Die Hummerschwänze auf ein Backblech legen, das Fleisch mit der Soße bestreichen und dann 15 Sekunden mit dem Flambierbrenner erhitzen.

Erneut mit Soße bestreichen und mit Goudawürfeln bedecken. 2 Minuten in den heißen Backofen schieben. Aus dem Ofen nehmen, mit Schnittlauch bestreuen und direkt aus der Schale essen.

MATFER

GODEUNGEO JORIM 고등어조림 – GESCHMORTE MAKRELE IN PIKANTER SOSSE

FÜR 4 PERSONEN
ZUBEREITUNG: 15 MIN.
MARINIERZEIT: 1 STD.
GARZEIT: 30 MIN.

6 Makrelenfilets ohne Gräten
500 g Daikon*
2 Frühlingszwiebeln

Für die Marinade:
5 Knoblauchzehen
180 ml Sojasoße
5 EL Gochujang*
3 EL Gochugaru*
50 g Zucker
80 ml Mirin*

Jedes Makrelenfilet in 4 Teile schneiden.

Den weißen Rettich schälen und in 0,5 cm dicke Scheiben schneiden.

Den Knoblauch schälen und reiben. Alle Zutaten für die Marinade in einer großen Schüssel verrühren.

Den Rettich in einen großen Topf legen und die Makrelenstücke darauf verteilen. Die Marinade darübergießen und 1 Stunde bei Zimmertemperatur marinieren lassen.

500 ml Wasser in den Topf geben und zum Kochen bringen, dann auf niedrige Hitze herunterschalten und 20–30 Minuten köcheln lassen, bis die Soße reduziert ist.

Den gekochten Fisch aus dem Topf nehmen und die Soße eventuell etwas länger köcheln lassen, bis sie sämig ist.

Die Soße über den Fisch gießen, mit gehackten Frühlingszwiebeln bestreuen und servieren.

HOE-DEOPBAP 회덮밥 – ROHER FISCH MIT GEWÜRZEN

FÜR 2 PERSONEN

ZUBEREITUNG: 25 MIN.

GARZEIT: 20 MIN.

200 g weißes Fischfilet (z. B. Seehecht)
3 Prisen Gochugaru*
Salz
1 EL Sesamöl
2 Pak Choi
3 schöne Karotten
2 kleine Zucchini
4 Shiitakepilze oder Champignons

Spezielles Zubehör:
2 große Bibimbap-Servierschalen

Den Fisch in Würfel schneiden. Mit 1 Prise Gochugaru, Salz und Sesamöl mischen. In den Kühlschrank stellen.

Den Pak Choi waschen und in kleine Stücke schneiden. Die Karotte schälen und in Würfel schneiden. Die Zucchini waschen und mit einem Sparschäler in Bänder schneiden. Die Pilze putzen und in kleine Scheiben schneiden.

Jedes Gemüse einzeln in einem Topf mit kochendem Wasser kurz blanchieren, dann abtropfen lassen. Harmonisch in den Schalen anrichten und den Fisch darauflegen. Vor dem Servieren mit einer Prise Gochugaru dekorieren.

Dazu passt Chogochujang-Soße: 1 EL Gochujang, 1 EL Zucker und 2 EL Reisessig verrühren. Das Gericht mit der Soße beträufeln.

GEBRATENER TINTENFISCH AUF KOREANISCHE ART

FÜR 4 PERSONEN

ZUBEREITUNG: 15 MIN.

GARZEIT: 5 MIN.

1 kg Tintenfisch, küchenfertig
Erdnussöl
2 Frühlingszwiebeln
2 EL Gochugaru*
2 EL Sesamsamen

Für die Soße:
3 cm frischer Ingwer
1 Knoblauchzehe
60 ml Sojasoße
20 ml Mirin*
2 EL Puderzucker

Spezielles Zubehör:
Plancha

Ingwer und Knoblauch schälen und reiben. Alle Zutaten für die Soße in einen kleinen Topf geben und bei mittlerer Hitze einige Minuten köcheln lassen.

Die Tintenfische unter fließendem kaltem Wasser abspülen, um letzte Schmutzpartikel zu entfernen. Abtropfen lassen und mit einem dicken Küchenpapier oder einem sehr sauberen Küchentuch trocken tupfen.

Die Tintenfische auf einer Plancha oder in einer großen Pfanne mit einem kräftigen Schuss Erdnussöl braten. Während des Bratens mit der Soße bestreichen.

Die Garzeit sollte etwa 4 Minuten betragen. Die Tintenfische nach der Hälfte der Garzeit umdrehen.

Die Tintenfischtuben mit einer Messerspitze in Abständen von ca. 1 cm quer einschneiden.

Die Frühlingszwiebeln fein hacken.

Die Tintenfische mit Frühlingszwiebel, Gochugaru und Sesamsamen bestreuen.

Mit der Soße servieren.

OJINGEO-TWIGIM 오징어튀김 - FRITTIERTE TINTENFISCHRINGE

FÜR 2 PERSONEN

ZUBEREITUNG: 25 MIN.

GARZEIT: 6 MIN.

350 g Tintenfisch, küchenfertig
½ Bund Petersilie
250 g Speisestärke
200 ml Mineralwasser mit Kohlensäure
Salz
2 EL Gochugaru*
1 l Erdnussöl

Die Tintenfische unter fließendem kaltem Wasser abspülen, um alle Schmutzpartikel zu entfernen. Abtropfen lassen und mit einem dicken Küchenpapier oder einem sehr sauberen Küchentuch trocken tupfen.

Die Petersilienblätter von den Stielen zupfen und hacken.

Die Tintenfische in Ringe schneiden und zusammen mit der Speisestärke, dem Mineralwasser, 4 Prisen Salz, 1 EL Gochugaru und 1 EL gehackter Petersilie in eine Schüssel geben.

Gut verrühren, der Teig sollte relativ dick sein und die Tintenfischringe vollständig umhüllen.

Das Öl in einem großen Topf auf 180 °C erhitzen.

Die Tintenfischringe aus dem Teig nehmen und in dem heißen Öl frittieren – am besten einzeln oder in kleinen Portionen, damit sie nicht zusammenkleben.

Die Garzeit beträgt etwa 2 Minuten. Aus dem Öl nehmen und auf Küchenpapier abtropfen lassen. Salzen und mit gehackter Petersilie und Gochugaru bestreuen.

Dazu schmeckt Mayonnaise oder Barbecuesoße mit Chili.

OJINGEO-BOKKEUM 오징어 볶음 - PIKANTER TINTENFISCH

FÜR 4 PERSONEN

ZUBEREITUNG: 20 MIN.

MARINIERZEIT: 2 STD.

GARZEIT: 2 MIN.

1 kg Tintenfisch, küchenfertig
5 Frühlingszwiebeln
1 Karotte
Erdnussöl
1 EL Sesamöl
1 TL Sesam

Für die Marinade:
6 Knoblauchzehen
3 cm frischer Ingwer
1 rote Chilischote
1 EL Zucker
3 EL scharfe Chiliflocken
3 EL Sojasoße
2 EL Gochujang*

Knoblauch und Ingwer schälen und reiben. Die rote Chilischote fein hacken. Alle Zutaten für die Marinade in einer großen Schüssel verrühren.

Die Tintenfische unter fließendem kaltem Wasser abspülen, um alle Schmutzpartikel zu entfernen. Abtropfen lassen und mit einem dicken Küchenpapier oder einem sehr sauberen Küchentuch trocken tupfen.

Die Tintenfischstücke mit einer Messerspitze im Abstand von 2 mm kreuzweise einschneiden.

Den grünen Teil der Frühlingszwiebeln in 5 cm lange Stücke schneiden. Den weißen Teil abziehen und in dünne Ringe schneiden.

Die Karotte schälen und hacken.

Tintenfisch, Zwiebeln und Karotte in die Marinade geben. Gut vermischen, mit Frischhaltefolie abdecken und 2 Stunden in den Kühlschrank stellen.

Einen guten Schuss Erdnussöl in einem Wok oder einer beschichteten Pfanne auf hoher Stufe erhitzen. Tintenfisch, Gemüse und Marinade hineingeben und 2 Minuten braten. Achtung, den Tintenfisch nicht zu lange garen, sonst wird er zäh und gummiartig.

Mit etwas Sesamöl beträufeln und kurz vor dem Servieren mit Sesam bestreuen.

Mit weißem Reis servieren.

SAMGAK GIMBAP 삼각김밥 – REIS-DREIECKE

FÜR 2 PERSONEN

ZUBEREITUNG: 30 MIN.

GARZEIT: 20 MIN.

WARTEZEIT: 10 MIN.

300 g Sushi-Reis
3 Nori-Algenblätter*, halbiert (6 Streifen)
Salz

Für die Thunfisch-Mayo:
100 g Thunfisch im eigenen Saft (Konserve)
30 g Mayonnaise
1 EL Sojasoße
1 TL Gochugaru*

Den Reis in einen Topf geben. Mit Wasser bedecken, umrühren und das Wasser abgießen. Diesen Vorgang noch zweimal wiederholen. Den Reis mit der doppelten Menge Wasser in den Topf geben. Zum Kochen bringen, dann die Hitze reduzieren und 12 Minuten weiterköcheln lassen. Wenn der Reis fast gar ist und noch ein Rest Wasser übrig ist, den Deckel auflegen und den Reis bei ausgeschaltetem Herd 10 Minuten quellen lassen.

Den Reis anschließend 10 Minuten ohne Deckel abkühlen lassen.

Den Thunfisch abtropfen lassen und zerbröseln. Mit Mayonnaise, Sojasoße und Gochugaru mischen.

Die Hände anfeuchten. 1 Handvoll Reis nehmen und in die Mitte ein kleines Loch drücken. Etwas Thunfisch-Mayo hineinfüllen, dann die Öffnung mit Reis verschließen.

Den Reis zwischen beiden Händen mit leichtem Druck zu einem Dreieck formen.

Einen Nori-Streifen mit der matten Seite nach oben auf die Arbeitsfläche legen. Den geformten Reis in die Mitte legen und in den Algenstreifen einwickeln. Überstehende Ränder abschneiden und zum Festkleben etwas anfeuchten.

Aus den restlichen Zutaten 5 weitere Gimbap herstellen.

Die Gimbap sollten innerhalb eines Tages gegessen werden. Wenn du sie aufbewahren möchtest, kannst du sie vor dem Verzehr einige Sekunden in der Mikrowelle erhitzen, damit der getrocknete Reis wieder weich wird.

CHAMCHI MAYO DEOPBAP 참치마요 덮밥 – REISSCHALE MIT THUNFISCH-MAYONNAISE

FÜR 4 PERSONEN

ZUBEREITUNG: 20 MIN.

GARZEIT: 12 MIN.

300 g Sushi-Reis
4 Knoblauchzehen
Erdnussöl
150 g Thunfisch im eigenen Saft (Konserve)
6 EL Mayonnaise
Salz
4 Avocados
2 Gurken
2 Frühlingszwiebeln
80 g Kimchi*
2 Blätter Nori-Algen*
2 EL gerösteter Sesam
1 EL Gochugaru*

Für die Soße:
50 ml Sojasoße
20 ml Mirin*
3 EL Zucker

Den Reis in einen Topf geben. Mit Wasser bedecken, umrühren und das Wasser abgießen. Diesen Vorgang noch zweimal wiederholen. Den Reis mit der doppelten Menge Wasser in den Topf geben. Zum Kochen bringen, dann die Hitze reduzieren und 12 Minuten weiterköcheln lassen. Wenn der Reis fast gar ist und ein Rest Wasser übrig bleibt, abdecken und bei ausgeschaltetem Herd 10 Minuten quellen lassen.

Den Knoblauch schälen und hacken. In einem guten Schuss Erdnussöl 15 Sekunden anbraten. Den Thunfisch abtropfen lassen und mit einer Gabel zerdrücken. Knoblauch, Thunfisch und die Hälfte der Mayonnaise mit 1 Prise Salz in einer Schüssel verrühren.

Die Avocados schälen und in dünne Scheiben schneiden. Die Gurken in kleine Stücke schneiden. Die Frühlingszwiebeln in dünne Ringe schneiden.

Die Sojasoße mit Mirin und Zucker verrühren.

Den Reis auf vier Schüsseln verteilen. Avocado, Gurke, Kimchi und Thunfisch-Mayonnaise darauf verteilen. Alles mit der Soße übergießen.

Die Nori-Blätter in feine Streifen schneiden.

Mayonnaise über den Thunfisch träufeln und mit Frühlingszwiebeln, Sesam, Nori-Streifen und Gochugaru bestreuen.

VEGETARISCH

FRITTIERTES GEMÜSE

FÜR 2 PERSONEN

ZUBEREITUNG: 20 MIN.

GARZEIT: 5 MIN.

2 Frühlingszwiebeln
1 rote Chilischote
1 grüne Chilischote
1 Stange Lauch
1 rote Paprikaschote
100 g Enoki-Pilze*
100 g Kartoffelstärke
1 Ei
1 Prise Salz
Erdnussöl
100 g Kimchi* (Rezept S. 92)

Für die Ketchup-Soße:
2 EL Ketchup
1 EL Gochujang*
1 TL Gochugaru*

Für die Sojasoße:
5 EL Sojasoße
1 EL Austernsoße*

Ketchup, Gochujang und Gochugaru in einer Schüssel verrühren.

Sojasoße und Austernsoße in einer weiteren Schüssel verrühren.

Frühlingszwiebeln und Chilischoten fein hacken. Den Lauch waschen und in 2 cm lange Stücke schneiden. Die rote Paprikaschote entkernen und in Stücke schneiden. Die Stiele der Enoki-Pilze abschneiden.

Die Kartoffelstärke mit dem Ei, 80 ml Wasser und dem Salz in einer Schüssel vermischen.

Das gesamte Gemüse (Lauch, Paprika und Pilze) in den Teig geben.

Einen guten Schuss Öl in einer Pfanne erhitzen.

Das Gemüse aus dem Teig nehmen und in kleinen Portionen in die Pfanne legen, sodass die Stücke sich nicht berühren.

Bei starker Hitze 1–2 Minuten braten, nach der Hälfte der Zeit umdrehen.

Mit Frühlingszwiebel und frischen Chilischoten bestreuen.

Mit Kimchi, Ketchup-Soße und verfeinerter Sojasoße servieren.

Dieses Rezept ist inspiriert von Jeon, einer Art Banchan, den Beilagen, die traditionell zu allen Mahlzeiten serviert werden. Kimchi ist beispielsweise ein unverzichtbares Banchan. Jeon sind in Teig getauchte und frittierte Beilagen. Es gibt sie unter anderem mit Meeresfrüchten, Fisch und Fleisch.

KIMBAP 김밥

FÜR 3-4 PERSONEN

ZUBEREITUNG: 25 MIN.

GARZEIT: 10 MIN.

5 Eier
2 Prisen Salz
1 Prise Zucker
Erdnussöl
1 Karotte
⅓ Gurke
5 Nori-Algenblätter*
Chili- oder Gochujang-Soße*
1 EL Sesam
eingelegter Daikon*
Koriander

Für den Reis:
300 g Sushi-Reis
3 Prisen Salz
2 Prisen Zucker
2 EL geröstetes Sesamöl

Spezielles Zubehör:
feines Sieb

Den Reis in ein feines Sieb geben und 30 Sekunden unter fließendem kaltem Wasser abspülen. Den Reis mit 350 ml Wasser, Salz und Zucker in einen Topf mit dickem Boden geben.

Zudecken und 10 Minuten köcheln lassen. Die Hitze ausschalten und den Reis zugedeckt 10 Minuten fertig quellen lassen.

Den Reis mit Sesamöl beträufeln.

Die Eier mit 2 Prisen Salz und 1 Prise Zucker verquirlen. In eine leicht geölte beschichtete Pfanne geben und bei geringer Hitze einige Minuten stocken lassen. Das Omelett vorsichtig herausnehmen und in Streifen schneiden.

Die Karotte schälen. Karotte und Gurke in feine Stifte schneiden.

Den Reis auf einem Nori-Algenblatt ausbreiten, dabei am oberen Rand einen 5 cm breiten Streifen frei lassen.

Auf den unteren Streifen etwas Gemüse und Omelett legen. Den Streifen oben leicht mit etwas Wasser befeuchten (um die Rolle am Ende zu verkleben). Das Algenblatt vorsichtig aufrollen, dabei den Inhalt fest umschließen.

Den Vorgang wiederholen, bis die Zutaten aufgebraucht sind.

Die Nori-Rollen in 1,5 cm dicke Scheiben schneiden.

Mit etwas Chilisoße beträufeln und mit Sesam bestreuen. Sofort genießen.

Noch frischer schmecken die Röllchen mit Streifen von mariniertem Daikon und einigen Stielen Koriander.

BUNGEOPPANG 붕어빵 – KÄSEKÜCHLEIN IN FISCHFORM

ERGIBT 10 STÜCK

FÜR 2 PERSONEN

ZUBEREITUNG: 20 MIN.

GARZEIT: 10 MIN.

80 g Comté
80 g Mozzarella
180 g Weizenmehl
40 g Klebreismehl
1 TL Natron
1 Ei
240 ml Milch
1 Prise Salz
Erdnussöl für die Form

Spezielles Zubehör:
Bungeoppang-Form oder Taiyaki-Form, ähnlich wie ein Waffeleisen, aber in Fischform

Beide Käsesorten in kleine Stücke schneiden und mischen.

Beide Mehlsorten mit Natron, Ei, Milch und Salz in einer Schüssel zu einem glatten Teig verrühren.

Die Backform einölen und erhitzen.

Die Vertiefungen der Form zur Hälfte mit dem Teig füllen. Die Mitte mit der Käsemischung belegen. Mit 2 EL Teig abdecken und die Form schließen.

Etwa 2 Minuten backen, dann wenden und nochmals 1 Minute backen. Die Bräunung des Teigs prüfen – er sollte goldbraun sein. Falls nötig, die Backzeit etwas verlängern. Wiederholen, bis Teig und Käse verbraucht sind.

Heiß genießen.

BINDAETTEOK 빈대떡 – MUNGOBOHNEN-PFANNKUCHEN

FÜR 2 PERSONEN

ZUBEREITUNG: 20 MIN.

EINWEICHZEIT: 6 STD.

GARZEIT: 10 MIN.

100 g Mungobohnen
60 g Sushi-Reis
2 Knoblauchzehen
2 Frühlingszwiebeln
1 Ei
2 TL geröstetes Sesamöl
2 EL Sojasoße
1 EL Reisessig
Salz
Pfeffer
1 TL Gochugaru*
100 g Kimchi* (Rezept S. 92)
2 Handvoll Sojasprossen
Erdnussöl

Die Mungobohnen und den Reis in eine große Schüssel mit Wasser geben. 6 Stunden einweichen, dann abtropfen lassen.

Den Knoblauch schälen und hacken. Die Frühlingszwiebeln grob würfeln.

Bohnen und Reis mit Ei, Sesamöl, Sojasoße, Essig, Salz, Pfeffer und Gochugaru in einem Mixer glatt pürieren.

In eine Schüssel geben. Frühlingszwiebel, Knoblauch, Kimchi und Sojasprossen unterrühren.

Einen Schuss Erdnussöl in einer großen Pfanne erhitzen.

Die Mischung in die Pfanne geben und 3 Minuten braten. Den Pfannkuchen umdrehen und weitere 2 Minuten braten.

Sofort in kleine Quadrate schneiden und heiß servieren.

Diese Pfannkuchen sind ein echter Streetfood-Klassiker. Sie sind sehr beliebt und sättigen gut. Koreaner genießen sie gern gemeinsam nach der Arbeit an Straßenständen zu einem Glas Makgeolli, einem traditionellen Reiswein. Perfekt für einen Aperitif nach koreanischer Art!

GYELAN BOKK EUMBAB 계란 볶음밥 - GEBRATENER REIS MIT EI

FÜR 2 PERSONEN
ZUBEREITUNG: 10 MIN.
GARZEIT: 5 MIN.

5 Eier
Salz, Pfeffer
2 Schalen gekochter Reis
3 Frühlingszwiebeln
2 rote Chilischoten
80 ml Erdnussöl
2 EL Austernsoße*
2 EL Sojasoße
2 EL Sesam

Die Eier in einer Schüssel mit Salz und Pfeffer verquirlen.

Die Eier zügig mit dem gekochten Reis vermischen.

Frühlingszwiebeln und Chilischoten fein hacken.

Einen Wok oder eine große Pfanne mit dem Erdnussöl erhitzen und die Frühlingszwiebeln darin 1 Minute lang anbraten.

Wenn die Zwiebeln goldbraun sind, die Reis-Ei-Mischung sowie etwas Salz und Pfeffer zugeben. 3 Minuten braten, dabei gelegentlich umrühren. Die Eier sollten gut durchgegart sein. Im letzten Moment Austernsoße, Sojasoße, Sesam und Chili unterrühren.

Heiß servieren.

KIMCHI 김치

ERGIBT 4 GLÄSER
ZUBEREITUNG: 10 MIN. + 45 MIN.
WARTEZEIT: 1 NACHT
FERMENTIERUNG:
3 TAGE – 3 MONATE

2 Köpfe Chinakohl

Für die Salzlake:
2 l Wasser
2 Tassen Salz

Zum Würzen:
200 ml Wasser
2 EL Reisstärke oder Reismehl
½ Apfel
1 Zwiebel
1 Daikon-Rettich*
1 Karotte
100 g Gochugaru*
75 g feiner Zucker
2 EL Knoblauchpaste
1 Handvoll heller Sesam

Spezielles Zubehör:
Einmachgläser mit Gummidichtung

↪

Die Kohlköpfe der Länge nach vierteln und unter klarem Wasser gründlich abspülen. Mit dem Wasser in eine große Schüssel geben, 2 Tassen Salz hinzufügen, gut verrühren, zudecken und über Nacht stehen lassen.

Am nächsten Tag den Kohl abtropfen lassen und mehrmals abspülen, er sollte schön weich sein. Beiseitestellen.

Das Wasser in einem großen Topf leicht erwärmen. Reisstärke oder Reismehl einrühren, bis eine breiige, milchige Flüssigkeit entsteht. Beiseitestellen.

Apfel, Zwiebel und Rettich schälen, in grobe Würfel schneiden und mit einem Pürierstab unter Zugabe von 1 Schuss Wasser zerkleinern. Alternativ einen Teil davon in feine Stifte schneiden. Die Karotte schälen und in Stifte schneiden.

Das zerkleinerte und in Streifen geschnittene Gemüse, Gochugaru, Zucker, Knoblauchpaste, Sesam und die Speisestärkemischung in einer großen Schüssel mischen, am besten mit den Händen (eventuell Handschuhe anziehen). Den Kohl mit der Mischung vermengen, dabei die Mischung auch zwischen die einzelnen Blätter streichen.

Die Gläser bis 1 cm unter den Rand füllen, dabei das Gemüse immer wieder fest zusammendrücken, damit Luftblasen entweichen. Die Glasränder mit Küchenpapier oder einem sauberen Küchentuch abwischen. Die Gläser verschließen und in eine Schüssel stellen, um die während der Gärung überlaufende Flüssigkeit aufzufangen. Den Kimchi bei Zimmertemperatur gären lassen: 1 Tag im Sommer, 3 Tage im Winter.

Wenn die Gärung beginnt (Überlaufen und Zischen), den Kimchi an einen kühlen Ort stellen (Keller oder Kühlschrank), damit sich die Gärung verlangsamt.

Nach 3 Tagen kann der Kimchi probiert werden. Er ist ungeöffnet 1 Jahr haltbar und nach dem Öffnen 3 Monate im Kühlschrank.

Anstelle von Chinakohl kannst du auch Weißkohl, Rotkohl oder Grünkohl verwenden. Auch der Daikon-Rettich kann durch andere Rettichsorten ersetzt werden.

KIMCHI KKAENNIP 깻잎김치 – KIMCHI MIT SHISO

ERGIBT 2 GLÄSER

ZUBEREITUNG: 30 MIN.

GARZEIT: 1 MIN.

WARTEZEIT: 4–6 TAGE

1 TL Reismehl
½ Bund Radieschen
2 rote Chilischoten
2 Frühlingszwiebeln
3 Knoblauchzehen
3 cm Ingwer
2 EL Gochugaru*
2 EL Nuoc-Mâm-Soße
1 TL Zucker
50 Kkaennip-Blätter* (Shiso- oder Perilla-Blätter)
1 TL gerösteter Sesam

Spezielles Zubehör:
2 Gläser à 500 g mit Gummidichtung

Das Reismehl in einem Topf mit 150 ml Wasser verrühren. Zum Kochen bringen und unter Rühren 1 Minute kochen lassen. 5–10 Minuten abkühlen lassen.

Radieschen, Chilischoten und das Grün der Frühlingszwiebeln fein schneiden. Das Weiße der Frühlingszwiebeln hacken.

Knoblauch und Ingwer schälen und reiben. In einer Schüssel Radieschen, Frühlingszwiebel, Knoblauch, Ingwer, frische Chilischoten, Gochugaru, Nuoc-Mâm-Soße und Zucker mischen. Die ganzen Kkaennip-Blätter dazugeben und alles gut vermischen.

Die Gläser bis 2 cm unter den Rand füllen und nach und nach festdrücken, damit die Luftblasen zwischen dem Gemüse entweichen. Das Reismehlwasser bis 1 cm unter den Rand gießen.

Die Glasränder mit Küchenpapier oder einem sauberen Küchentuch abwischen. Die Gläser verschließen und in eine Schüssel stellen, um die während der Gärung überlaufende Flüssigkeit aufzufangen. Den Kimchi bei Zimmertemperatur gären lassen: 1 Tag im Sommer, 3 Tage im Winter.

Wenn die Gärung beginnt (Überlaufen und Zischen), den Kimchi an einen kühlen Ort stellen (Keller oder Kühlschrank), damit sich die Gärung verlangsamt.

Nach 3 Tagen kann der Kimchi probiert werden. Vor dem Verzehr können Sie noch Sesam hinzufügen. Er ist ungeöffnet 1 Jahr haltbar und nach dem Öffnen 3 Monate im Kühlschrank.

iese köstliche Variante des klassischen
imchi beweist, dass die koreanische
üche sehr kreativ und abwechslungs-
eich ist, denn viele frische, saisonale
emüsesorten werden auf diese Weise
ermentiert.

GESCHMORTER KOHL NACH KIMCHI-JJIM-ART

FÜR 4 PERSONEN

ZUBEREITUNG: 20 MIN.

GARZEIT: 25 MIN.

WARTEZEIT: 10 MIN.

600 g Räuchertofu
4 Frühlingszwiebeln
4 Knoblauchzehen
3 cm frischer Ingwer
1 kg Chinakohl
150 ml Gochujang-Kimchi-Soße (Fertigprodukt)
1 EL Zucker
1 TL Sesamöl
1 EL Gochugaru*
8 cm Lauch (grüner Teil)

Den Räuchertofu in mundgerechte Stücke schneiden.

Die Frühlingszwiebeln in dünne Ringe schneiden. Knoblauch und Ingwer schälen und reiben. Den Kohl waschen und der Länge nach in Streifen schneiden.

Die Frühlingszwiebeln in einen Schmortopf geben. Die Hälfte des Chinakohls darauf verteilen. Mit Tofu und dem restlichen Kohl bedecken.

Die Kimchi-Soße mit 300 ml Wasser, Knoblauch, Ingwer, Zucker, Sesamöl und Gochugaru verrühren und in den Schmortopf geben.

25 Minuten bei schwacher Hitze zugedeckt köcheln lassen.

Das klein geschnittene Grün des rohen Lauchs in den Topf geben und 10 Minuten zugedeckt ziehen lassen. Kurz vor dem Servieren wieder erhitzen und sofort genießen.

Dieses Rezept wurde von Kimchi Jjim inspiriert, einem Rezept für geschmorten Kimchi mit Schweinebauch. Sie können den Chinakohl durch Kimchi ersetzen!

YEONGEUN JORIM 연근조림 – GESCHMORTE LOTUSWURZELN

FÜR 2 PERSONEN

ZUBEREITUNG: 5 MIN.

EINWEICHZEIT: 15 MIN.

GARZEIT: 1 STD.

50 ml Branntweinessig

500 g Lotuswurzeln, geschält, in 2 cm dicke Scheiben geschnitten (Tiefkühlregal)

1 EL Reisessig

80 ml Sojasoße

50 g Zucker

2 EL Honig

Sesamkörner

1 l Wasser und den Branntweinessig mischen und die Lotuswurzeln 15 Minuten darin einweichen.

Das Essigwasser wegschütten und die Lotuswurzeln abspülen.

700 ml Wasser, Reisessig, Sojasoße, Zucker und Honig in einen Topf geben. Die Lotuswurzeln hinzufügen.

Bei schwacher Hitze etwa 1 Stunde lang köcheln lassen. Falls nötig, zwischendurch Wasser nachgießen.

Nach 1 Stunde Kochzeit sollten die Lotuswurzeln gar sein und es sollte kaum noch Kochflüssigkeit übrig sein.

Mit Sesam bestreuen und lauwarm oder heiß servieren.

GYERANPPANG 계란빵 – HERZHAFTE KÜCHLEIN MIT EI

ERGIBT 6 STÜCK

ZUBEREITUNG: 20 MIN.

GARZEIT: 15 MIN.

150 g Sojawürstchen
½ Bund Schnittlauch
8 Eier
30 g Zucker
2 Prisen Salz
2 Prisen Pfeffer
100 g Weizenmehl
1 Päckchen Backpulver
50 g Butter + 10 g für die Backförmchen
70 g Milch

Spezielles Zubehör:
Gyeranppang-Förmchen, ersatzweise Muffin-Blech

Den Backofen auf 180 °C vorheizen. Die Sojawürstchen in dünne Scheiben schneiden.

Den Schnittlauch waschen und in Röllchen schneiden.

2 Eier in einer Schüssel mit Zucker, Salz und Pfeffer verquirlen.

Wenn sich der Zucker aufgelöst hat, Mehl, Backpulver, zerlassene Butter und Milch hinzufügen. Alles mit dem Schneebesen zu einem glatten Teig verrühren.

Die Backförmchen mit der restlichen Butter ausstreichen. Die Förmchen zu drei Vierteln mit dem Teig füllen.

In jede Form 1 Ei aufschlagen und mit den Wurstscheiben und der Hälfte des Schnittlauchs belegen.

15 Minuten goldbraun backen. Kurz vor dem Servieren mit dem restlichen Schnittlauch bestreuen.

Traditionell wird dieses Gericht mit dünn geschnittener Schweinewurst oder Schinken anstelle von Sojawürstchen zubereitet.

TWIST-KARTOFFELN 회오리감자

FÜR 4 SPIESSE

ZUBEREITUNG: 20 MIN.

GARZEIT: 5 MIN.

1 l Erdnussöl
150 ml Ketchup
2 EL Honig
2 EL Gochujang*
1 EL Reisessig
4 Kartoffeln
Salz
3 EL Gochugaru*
100 ml Senf mit Honig

Spezielles Zubehör:
4 Schaschlikspieße

Das Frittieröl in einem weiten Topf auf 180 °C erhitzen.

Ketchup, Honig, Gochujang und Reisessig in einer Schüssel verrühren.

Die Kartoffeln schälen, falls es sich nicht um Bio-Kartoffeln handelt.

Jede Kartoffel auf einen langen Spieß stecken. Mit einem kleinen, scharfen Messer die Kartoffel spiralförmig auf ganzer Länge einschneiden. Die Kartoffelspirale vorsichtig auf dem Spieß auseinanderziehen. Dabei soll sie nicht zerbrechen.

Die Kartoffeln 5 Minuten im heißen Öl frittieren, bis sie gar und knusprig sind. Auf Küchenpapier abtropfen lassen.

Salzen, mit Gochugaru bestreuen und mit dem verfeinerten Ketchup und dem Honigsenf servieren.

TTEOKBOKKI 떡볶이 – REISKUCHEN MIT PIKANTER SOSSE

FÜR 2 PERSONEN
ZUBEREITUNG: 10 MIN.
GARZEIT: 15 MIN.

2 Eier
1 Knoblauchzehe
1 Frühlingszwiebel
2 EL Gochujang*
1 EL Gochugaru*
1 EL Zucker
1 EL Sojasoße
400 g Tteok* (Fertigprodukt)
Salz

Die Eier in kochendem Wasser 11 Minuten garen. Danach 2 Minuten in eine Schüssel mit kaltem Wasser legen. Die Eier pellen. Den Knoblauch schälen und hacken. Die Frühlingszwiebel waschen und in Ringe schneiden.

Gochujang, Gochugaru, Zucker, Sojasoße und Knoblauch in einer Schüssel verrühren. Die Tteok in einen Wok geben und die Chilisoße hinzufügen.

Mit Wasser bedecken und 15 Minuten bei schwacher Hitze köcheln lassen.

Am Ende der Kochzeit sollte die Flüssigkeit auf drei Viertel reduziert und zu einer sämigen Soße geworden sein.

Die hart gekochten Eier zugeben und alles mit Frühlingszwiebelringen bestreuen.

Mit Salz abschmecken und warm servieren.

BRÜHEN UND SUPPEN

EOMUKTANG 어묵탕 – BRÜHE FÜR ODENG UND EOMUK

ERGIBT 1,5 LITER

ZUBEREITUNG: 15 MIN.

GARZEIT: 30 MIN.

2 Frühlingszwiebeln
½ Stange Lauch
1 weiße Rübe
3 Knoblauchzehen
1 milde grüne Chilischote
3 EL Sojasoße
2 EL Dashida* mit Sardellen
2 EL Dashima*-Pulver

Die Frühlingszwiebeln in Ringe schneiden, dabei weißen und grünen Teil separat legen. Lauch und Rübe schälen und würfeln. Den Knoblauch abziehen und hacken.

Die grüne Chilischote grob hacken.

Alle Zutaten bis auf das Zwiebelgrün in einen großen Topf geben und mit 2 l Wasser bedecken.

Zum Kochen bringen und bei schwacher Hitze 30 Minuten köcheln lassen.

Während des Kochens den Schaum abschöpfen.

Die Brühe durch ein feines Sieb gießen und das Gemüse wegwerfen.

Das rohe Zwiebelgrün in die Brühe geben und mit Fischkuchen-Spießen (Odeng, Rezept Seite 62) oder Eomuk (Rezept Seite 58) servieren.

SUJEBI 수제비 – SUPPE MIT HAUSGEMACHTEN NUDELN

FÜR 4 PERSONEN

ZUBEREITUNG: 25 MIN.

WARTEZEIT: 1 STD.

GARZEIT: 20 MIN.

Für die Nudeln:
400 g Weizenmehl
3 Prisen Salz

Für die Suppe:
2 Karotten
1 rote Zwiebel
5 Knoblauchzehen
1 Zucchini
7 cm Lauch
1 grüne Chilischote
3 EL Sojasoße
1 EL Nuoc-Mâm-Soße
2 EL Dashida* mit Sardellen
Salz, Pfeffer
1 EL gerösteter Sesam

Mehl, Salz und 200 ml Wasser in die Schüssel eines Handrührgeräts geben. Den Teig mit dem Knethaken 5 Minuten kneten. Der Teig sollte glatt und geschmeidig sein.

Mit Frischhaltefolie abdecken und 1 Stunde im Kühlschrank ruhen lassen.

Karotten, rote Zwiebel und Knoblauch schälen. Karotten, Zucchini, Zwiebel, Lauch und grüne Chilischote in kleine Stücke schneiden. Den Knoblauch reiben. Das Gemüse mit der Sojasoße und der Nuoc-Mâm-Soße in einen großen Topf geben. 3 l Wasser und Dashida zugeben, gut umrühren.

Zum Kochen bringen, 5 Minuten bei mittlerer Hitze köcheln lassen, dann den Herd ausschalten.

Den Teig aus dem Kühlschrank nehmen. Mit den Fingern kleine Flocken abzupfen und in die Brühe legen.

Erneut zum Kochen bringen und etwa 3 Minuten kochen lassen, bis die Nudeln gar, aber noch bissfest sind.

Mit Salz und Pfeffer abschmecken.

Die Suppe vor dem Servieren mit geröstetem Sesam bestreuen.

DOENJANG-JJIGAE 된장찌개 – RAGOUT MIT SOJABOHNEN

FÜR 4 PERSONEN

ZUBEREITUNG: 15 MIN.

GARZEIT: 13 MIN.

300 g Seidentofu
1 rote Zwiebel
1 Kartoffel
½ Zucchini
2 Knoblauchzehen
½ Lauch
2 grüne Chilischoten
1 EL Dashima-Pulver*
1 EL Dashida* mit Sardellen
2 EL Doenjang*
1 EL Gochugaru*

Den Tofu in kleine Würfel schneiden. Zwiebel, Kartoffel und Zucchini schälen und in Stücke schneiden. Den Knoblauch schälen und hacken. Den Lauch sowie die Chilischoten in Ringe schneiden.

2 l Wasser mit Dashima-Pulver und Dashida in einen Topf geben. 5 Minuten köcheln lassen. Die Kartoffeln zugeben und weitere 2 Minuten köcheln lassen.

Zwiebelwürfel, Zucchini, Lauch und Knoblauch hinzufügen und 4 Minuten mitgaren.

Zum Schluss die grüne Chilischoten zufügen und weitere 2 Minuten köcheln lassen.

Im letzten Moment den Tofu, Doenjang und den Gochugaru hinzufügen.

In vier Schalen füllen und servieren.

DAK KALGUKSU 닭칼국수 – HÜHNERSUPPE MIT INGWER

FÜR 2 PERSONEN

ZUBEREITUNG: 30 MIN.

GARZEIT: 2 STD. + 10 MIN.

1 Suppenhuhn (ca. 1,5 kg)
1 Zucchini
1 Karotte
5 cm frischer Ingwer
2 Frühlingszwiebeln
1 kleine Stange Lauch
1 rote Chilischote
400 g Reisnudeln
Salz
40 ml Sojasoße
3 Stängel Koriander

Die Hühnerkeulen abtrennen und für ein anderes Gericht aufbewahren.

Die Hühnerbrust mit einem scharfen Messer auslösen. Die Flügel von der Brust abtrennen. Gerippe und Flügel abspülen.

Zucchini, Karotte und Ingwer schälen und klein schneiden. Die Frühlingswiebeln in Ringe schneiden, grünen und weißen Teil getrennt zur Seite legen. Ebenso den Lauch in Ringe schneiden. Die Chilischote hacken. Zwiebelgrün und Chili beiseitestellen, das restliche Gemüse und den Ingwer in einen Topf geben. Hühnerflügel und -gerippe sowie 3 l Wasser hinzufügen. Zum Kochen bringen und bei schwacher Hitze 2 Stunden köcheln lassen. Die Brühe dann durch ein feines Sieb gießen.

Die Reisnudeln in einem Topf mit kochendem Salzwasser nach Packungsanweisung garen.

Die Hühnerbrust in kleine Stücke schneiden, in die Brühe legen und 1 Minute gar ziehen lassen.

Die abgetropften Nudeln, das Zwiebelgrün, Chili, Sojasoße, Salz und den gehackten Koriander zur Suppe geben und umrühren.

Du kannst wie im traditionellen Rezept frische Weizennudeln anstelle von Reisnudeln verwenden. Interessanterweise wird diese Suppe vor allem an heißen und feuchten Tagen gegessen, um die Flüssigkeits- und Nährstoffspeicher wieder aufzufüllen!

SAMGYETANG 삼계탕 – HÜHNERSUPPE MIT GINSENG

FÜR 4 PERSONEN
ZUBEREITUNG: 30 MIN.
GARZEIT: 1 STD. + 30 MIN.

1 Suppenhuhn (ca. 1,5 kg)
3 Frühlingszwiebeln
1 Handvoll Ginsengwurzeln*
1 kleine Stange Lauch
1 Chilischote
2 Knoblauchzehen
3 getrocknete Jujuben*
300 g Rundkornreis
Salz

Das Huhn innen und außen unter fließendem kaltem Wasser gut abspülen. Die Frühlingszwiebeln abziehen und klein schneiden, grün und weiß getrennt. Den Ginseng abspülen. Den Lauch gründlich waschen. Lauch und Chilischote fein schneiden. Den Knoblauch abziehen. Reis, Knoblauchzehen und Jujuben in die Bauchhöhle des Huhns füllen.

3 l Wasser in einen Topf geben. Das gefüllte Huhn sowie Ginsengwurzeln, das Weiße der Zwiebel und den Lauch hinzufügen.

1,5 Stunden köcheln lassen.

Das Zwiebelgrün zugeben und mit Salz abschmecken. Zum Verzehr das Fleisch zerpflücken und den Reis aus der Hühnerkarkasse holen. Beides in die Brühe geben und servieren.

Wenn du keinen Ginseng und keine Jujuben findest, kannst du eine fertige Mischung für Samgyetang kaufen. Statt frischer Ginsengwurzel kann auch 1 EL Ginsengpulver verwendet werden.

Dieses Gericht gilt als kräftigend und proteinreich und wird in Korea gern im Sommer an den heißesten Tagen gegessen!

PALLARES
SOLSONA

HAEJANGGUK 해장국 – SUPPE VOR SCHWIERIGEN TAGEN

FÜR 4 PERSONEN

ZUBEREITUNG: 20 MIN.

GARZEIT: 4 STD. + 20 MIN.

700 g Rinderparüren (Fett, Häute, Sehnen usw.; erhältlich beim Metzger)
2 Zwiebeln
11 Knoblauchzehen
1 Kopf Chinakohl
Salz
2 grüne Chilischoten
2 EL Doenjang*
1 EL Nuoc-Mâm-Soße
2 Frühlingszwiebeln
Chiliflocken

Die Rinderparüren abspülen.

Die Zwiebeln und 3 Knoblauchzehen schälen und grob hacken.

5 l Wasser, Rinderparüren, Zwiebeln und Knoblauch in einen großen Topf geben.

4 Stunden köcheln lassen. Bei Bedarf zwischendurch Wasser nachgießen. Die Brühe durch ein feines Sieb gießen. Wenn möglich, einige schöne Fleischstücke zum Zerkleinern herausnehmen.

Mit einer kleinen Schöpfkelle oder einem Löffel das Fett von der Oberfläche der Brühe abschöpfen.

Den Kohl in mundgerechte Stücke schneiden und 5 Minuten in einem Topf mit kochendem Salzwasser garen. Gut abtropfen lassen.

Die restlichen Knoblauchzehen abziehen und fein hacken. Die grünen Chilischoten fein hacken. Fleisch, Kohl, Doenjang, Knoblauch, grüne Chilischoten und Fischsoße in einer Schüssel mit der Hand oder einem Holzlöffel vermischen.

Die Kohl-Fleisch-Mischung mit der Rinderbrühe in einen großen Topf geben und 15 Minuten köcheln lassen.

Vor dem Servieren mit gehackter Frühlingszwiebel und Chiliflocken bestreuen.

TTEOK-GUK 떡국 – SUPPE MIT REISKUCHEN

FÜR 2 PERSONEN
ZUBEREITUNG: 20 MIN.
GARZEIT: 50 MIN.

400 g Rinderflanke
1 Zwiebel
4 Knoblauchzehen
400 g Tteok* (Fertigprodukt)
2 Eier
Salz, Pfeffer
Erdnussöl
2 Frühlingszwiebeln
4 EL Sojasoße
1 TL Sesamöl
2 Blätter Nori-Algen*

Das Rindfleisch in feine Streifen schneiden.

Die Zwiebel abziehen und halbieren. Die Knoblauchzehen abziehen.

2 l Wasser, das Rindfleisch, die Zwiebel und die ganzen Knoblauchzehen in einen Topf geben. Zugedeckt bei schwacher Hitze 40 Minuten köcheln lassen. Die Zwiebel herausnehmen.

Die Reiskuchen 5 Minuten in lauwarmes Wasser legen.

Die Eier in einer Schüssel mit Salz und Pfeffer verquirlen. Die Eier in einer beschichteten Pfanne mit 1 Schuss Erdnussöl zu einem glatten Omelett backen. In feine Streifen schneiden und beiseitestellen.

Die Frühlingszwiebeln in dünne Ringe schneiden.

Abgetropfte Tteok, Sojasoße, Sesamöl, Salz und Pfeffer in die Pfanne geben. 5 Minuten braten, bis die Reiskuchen weich sind. Die Nori-Algen zerbröseln.

Die Tteok-Brühe auf vier Schalen verteilen.

Mit Zwiebelgrün, Omelett und Nori-Algen bestreuen.

Dieses Gericht wird traditionell zum koreanischen Neujahrsfest zubereitet.

JJAMPPONG 짬뽕 – NUDELSUPPE MIT MEERESFRÜCHTEN

FÜR 4 PERSONEN

ZUBEREITUNG: 40 MIN.

GARZEIT: 15 MIN.

700 g frische Jjamppong-Nudeln (alternativ Spaghetti)
Salz
Erdnussöl
300 g rohe Miesmuscheln
300 g Tintenfischringe
300 g Garnelen (wenn möglich roh)

Für die Brühe:
3 Knoblauchzehen
5 cm frischer Ingwer
1 gelbe Zwiebel
1 Karotte
¼ Weißkohl
5 Frühlingszwiebeln
4 EL Erdnussöl
2 EL Gochugaru*
2 EL Sojasoße
1 EL Austernsoße*
50 ml Mirin*
2 l Geflügelbrühe

Die Nudeln in einem Topf mit kochendem Salzwasser nach Packungsangabe garen.

Die Nudeln abgießen und abtropfen lassen. Mit Erdnussöl beträufeln und beiseitestellen.

Die Muscheln in reichlich Wasser tauchen und alle, die an die Oberfläche steigen, wegwerfen. Die restlichen Muscheln gründlich abbürsten. Abtropfen lassen und den Vorgang zweimal wiederholen. Die Muscheln in einem Wok oder einer beschichteten Pfanne mit 2 EL Erdnussöl etwa 2 Minuten garen, bis sie sich öffnen. Mit einem Schaumlöffel herausnehmen und beiseitestellen. Den Garsud aufbewahren.

Knoblauch, Ingwer, Zwiebel und Karotte schälen. Knoblauch und Ingwer reiben. Die Zwiebel und den Kohl grob zerkleinern.

Die Karotte in feine Stifte schneiden. Frühlingszwiebeln in dünne Ringe schneiden.

Knoblauch, Ingwer und Frühlingszwiebel in einem Wok oder einer beschichteten Pfanne mit 4 EL Erdnussöl 2 Minuten anbraten. Kohl, Zwiebel, Karotte und Gochugaru hinzufügen. Bei starker Hitze weitere 5 Minuten braten.

Sojasoße, Austernsoße, Mirin, Brühe, Miesmuscheln, Garnelen und Tintenfischringe unterrühren.

Aufkochen, dann 3–5 Minuten köcheln lassen, bis Tintenfisch und Garnelen gar sind.

Die Nudeln unterheben. Die Suppe mit Salz und Muschelsud abschmecken, in vier große Schalen füllen und servieren.

DOENJANG-GUK 된장국 – DOENJANG-SUPPE

FÜR 4 PERSONEN

ZUBEREITUNG: 20 MIN.

GARZEIT: 15 MIN.

1 EL Doenjang*
3 Knoblauchzehen
1 gelbe Zwiebel
1 Zucchini
400 g Enoki-Pilze*
300 g Shiitakepilze*
250 g fester Tofu
1 EL Gochujang*
1 EL Dashida-Pulver* mit Sardellen
1 EL Dashima-Pulver*
2 Frühlingszwiebeln
1 rote Chilischote

Spezielles Zubehör:
feines Sieb

Die Doenjang durch ein Sieb streichen, um Sojabohnen zu entfernen.

Den Knoblauch und die Zwiebel abziehen. Den Knoblauch reiben. Die Zwiebel in dünne Ringe, die Zucchini in dünne Scheiben schneiden. Die Stiele der Pilze abschneiden. Enoki vierteln, Shiitake in schmale Streifen schneiden.

Den Tofu in kleine Stücke schneiden.

2,5 l Wasser in einen Topf geben. Doenjang, Gochujang, Knoblauch, Zwiebelringe, Zucchini, Shiitake, Dashida- und Dashima-Pulver hinzufügen, aufkochen und 10 Minuten köcheln lassen.

Die Enoki-Pilze hinzufügen und weitere 3 Minuten kochen.

Den Tofu einrühren, ein letztes Mal aufkochen und servieren. Im letzten Moment mit frisch gehackter Frühlingszwiebel und Chilischote bestreuen.

Wenn du kein Dashima-Pulver verwendest, kannst du eine Handvoll getrocknete Kombu-Stücke 5 Minuten in der Brühe ziehen lassen und dann herausnehmen.
Anstelle von Doenjang kann auch Misopaste verwendet werden, wenngleich sie anders schmeckt. Sie muss nicht durch ein Sieb gestrichen werden.
Nicht zu viel Doenjang verwenden, weil der Salzgehalt sehr hoch ist.

BUDAE-JJIGAE 부대찌개 – ARMEE-RAGOUT

FÜR 3–4 PERSONEN

ZUBEREITUNG: 20 MIN.

GARZEIT: 20 MIN.

1 kleine Zwiebel
3 Frühlingszwiebeln
200 g Frühstücksfleisch
200 g fester Tofu
3 Wiener Würstchen
150 g Reiskuchen (Tteok*) in Scheiben geschnitten (Fertigprodukt)
Salz
150 g chinesische Instantnudeln
100 g Kimchi* (Rezept S. 92)
200 g weiße Bohnen mit Tomatensoße
500 ml Geflügelbrühe
4 Scheiben Käse (z. B. Cheddar oder Emmentaler)

Für die Soße:
2 Knoblauchzehen
1 TL Zucker
1 EL Gochujang*
1 EL Gochugaru*
2 EL Sojasoße

Die Zwiebel abziehen und in Ringe schneiden. Die Frühlingszwiebeln klein schneiden. Den Knoblauch abziehen und hacken.

Frühstücksfleisch und Tofu in Scheiben schneiden. Die Würstchen in Scheiben schneiden.

Zucker, Gochujang, Gochugaru, gehackten Knoblauch und Sojasoße in einer Schüssel verrühren. Die Soße beiseitestellen.

Die Tteok 10 Minuten in einem Topf mit kochendem Salzwasser erwärmen, dann abtropfen lassen.

Die gehackte Zwiebel in einer großen Pfanne (Durchmesser mindestens 26 cm) verteilen. In die Mitte die Instantnudeln geben, dann Frühstücksfleisch, Tofu, Würstchen, Kimchi, weiße Bohnen und Tteok darum herum verteilen.

Mit der Soße und der Geflügelbrühe übergießen.

Zum Kochen bringen, zudecken und 10 Minuten köcheln lassen.

Vor dem Servieren die Nudeln mit Käse belegen und mit Frühlingszwiebel bestreuen.

MIYEOK-GUK 미역국 - ALGENSUPPE

FÜR 2 PERSONEN

ZUBEREITUNG: 15 MIN.

WARTEZEIT: 15 MIN.

GARZEIT: 12 MIN.

15 g getrocknete Wakame-Algen*
120 g zartes Rindfleisch
¼ TL feines Meersalz
(oder mehr nach Geschmack)
einige schwarze Pfefferkörner
2 Knoblauchzehen
1 EL Sesamöl
1,5 EL Sojasoße

Die Algen abspülen und 10 Minuten in reichlich kaltes Wasser legen. Erneut abspülen. In 4 cm große Stücke schneiden und beiseitestellen.

Das Rindfleisch mit einem scharfen Messer in dünne Streifen schneiden. Salzen, pfeffern und 5 Minuten ruhen lassen.

Den Knoblauch abziehen und reiben.

Algen und Rindfleisch in einem Wok oder einer großen Pfanne 2 Minuten mit einem Schuss Sesamöl anbraten.

Sojasoße, Knoblauch und 500 ml Wasser zugeben und 10 Minuten köcheln lassen.

Heiß servieren, am besten zu einer Schüssel Reis.

KIMCHI-JJIGAE 김치찌개 – KIMCHI-RAGOUT

FÜR 4 PERSONEN

ZUBEREITUNG: 20 MIN.

GARZEIT: 30 MIN.

250 g Rundkornreis
1 gelbe Zwiebel
4 Knoblauchzehen
1 Stange Lauch
400 g Schweinelende
500 g Kimchi* (Rezept S. 92)
Erdnussöl
200 g fester Tofu
200 g Champignons, in Scheiben geschnitten
1 EL Zucker
2 EL Nuoc-Mâm-Soße

Den Reis in 1 l Wasser geben und unter Wasser abreiben. Den Reis abtropfen lassen und das Wasser aufbewahren.

Den Reis und das Doppelte seines Volumens an Wasser in einen Topf geben. Zum Kochen bringen, dann die Hitze reduzieren und 12 Minuten weiterköcheln lassen. Wenn der Reis fast gar ist und ein Rest Wasser übrig bleibt, abdecken und bei ausgeschaltetem Herd 10 Minuten quellen lassen.

Die Zwiebel und den Knoblauch abziehen. Den Knoblauch hacken. Zwiebel und gewaschenen Lauch in Ringe schneiden.

Das Fleisch in kleine Stücke schneiden.

Den Kimchi in ca. 4 cm große Stücke schneiden. In einem Topf mit einem guten Schuss Erdnussöl 2 Minuten anbraten. Zur Seite stellen.

In denselben Topf das Reis-Spülwasser, das Fleisch und die Zwiebel geben und 5 Minuten köcheln lassen.

Kimchi, Tofu, Pilze, Knoblauch, Zucker und Nuoc-Mâm-Soße zugeben und weitere 5 Minuten köcheln lassen.

Den Lauch unterrühren und nochmals 5 Minuten köcheln lassen. Mit dem Reis servieren.

MIEL DE

DESSERTS

DALGONA 달고나 ODER BBOPGI 뽑기

FÜR 1 DALGONA

ZUBEREITUNG: 5 MIN.

GARZEIT: 3 MIN.

4 EL Zucker
4 g Backpulver oder Natron

Spezielles Zubehör:
kleine Pfanne mit niedrigem Rand
Ausstecher

Den Zucker langsam in einem kleinen Topf oder einer kleinen Pfanne schmelzen.

Ständig beobachten und umrühren, damit der Zucker nicht verbrennt.

Sobald der Zucker goldbraun ist, die Pfanne vom Herd nehmen. Backpulver oder Natron dazugeben.

Gut verrühren und die Mischung auf ein Stück Backpapier gießen.

Den Ausstecher leicht in die Masse drücken, aber nicht ganz durchstanzen. Den Ausstecher schnell wieder abnehmen. Die Dalgona vollständig abkühlen lassen.

Nach der Zubereitung jeder Dalgona die Pfanne und Ausstecher gut reinigen. Die Kunst besteht darin, zu versuchen, das eingedrückte Motiv mit einer Nadel von der Umrandung zu trennen, ohne es zu zerbrechen! Je komplexer die Form, desto schwieriger.

Poudre
à lever
Recette sans phosphate
Baking powder – Bakpoeder
Phosphatfreie Backpulver
10g

KKWABAEGI 꽈배기 – GEDREHTE KRAPFEN

FÜR 2 PERSONEN (16 STÜCK)

ZUBEREITUNG: 30 MIN.

WARTEZEIT: 1 STD. + 40 MIN.

GARZEIT: 15 MIN.

1 Päckchen Trockenhefe
240 ml Milch, lauwarm
40 g Butter, geschmolzen
400 g Mehl (Type 65, auch als Baguettemehl bezeichnet) + mehr zum Formen
50 g Zucker
1 Ei
2 Prisen feines Salz
1 l Erdnussöl
Puderzucker
10 g gemahlener Zimt (nach Belieben)

Spezielles Zubehör:
Küchenmaschine

Die Hefe in der lauwarmen Milch auflösen. 10 Minuten stehen lassen. Die Butter zerlassen. Mehl, geschmolzene Butter, Milch, Zucker, Ei und Salz in eine Schüssel geben und mit den Knethaken der Küchenmaschine oder von Hand 5–10 Minuten kneten. Der Teig sollte glatt und geschmeidig sein. Die Schüssel mit einem sauberen Geschirrtuch abdecken. Den Teig in einem temperierten, vor Zugluft geschützten Raum 1 Stunde ruhen lassen, bis er sein Volumen verdoppelt hat.

Den Teig kurz zusammendrücken, um ihn zu entgasen, dann in 16 Stücke teilen.

Jedes Teigstück mit bemehlten Händen zu einem 20 cm langen Strang rollen und danach wie eine Kordel um sich selbst drehen.

Die fertigen Kordeln auf ein bemehltes Backblech legen, dazwischen 8 cm Platz lassen. Den Teig nochmals 30 Minuten ruhen lassen.

Das Erdnussöl in einem großen Topf auf 180 °C erhitzen.

Die Krapfen vorsichtig in das heiße Öl legen. 5 Minuten frittieren, zwischendurch mehrmals wenden. Die Krapfen mit einem Schaumlöffel herausnehmen und auf Küchenpapier abtropfen lassen.

Nach Belieben mit Puderzucker und Zimt bestreuen.

HOTTEOK 호떡 – KOREANISCHE PFANNKUCHEN

ERGIBT 8 STÜCK

ZUBEREITUNG: 15 MIN.

WARTEZEIT: 1 STD.

10 GARZEIT: 6 MIN.

20 g Zucker
1 Päckchen Trockenhefe
200 g Mehl (Type 65, auch als Baguettemehl bezeichnet) + mehr zum Arbeiten
50 g Klebreismehl (notfalls Mehl Type 65)
1 Prise Salz
60 g brauner Zucker
2 EL Honig
30 g gehackte Walnüsse
1 TL gemahlener Zimt
Erdnussöl

Spezielles Zubehör:
Küchenmaschine

Weißen Zucker und Hefe in einer Schüssel mit 150 ml lauwarmem Wasser verrühren. 10 Minuten ruhen lassen.

Beide Mehlsorten, Hefeansatz und Salz in eine Schüssel geben und mit den Knethaken der Küchenmaschine oder von Hand 5–10 Minuten kneten.

Den Teig mit einem sauberen Küchentuch abdecken und 1 Stunde in einem temperierten Raum ohne Zugluft ruhen lassen.

Den braunen Zucker in einer kleinen Schüssel mit dem Honig, den gehackten Walnüssen und dem Zimt verrühren. Beiseitestellen.

Den Teig kurz zusammendrücken, um ihn zu entgasen, dann in 8 gleich große Kugeln teilen. Die Teigkugeln auf einer bemehlten Arbeitsfläche leicht ausrollen und mit der Zimtmischung belegen. Die Füllung mit Teig umhüllen, dann erneut zu Kugeln formen.

Jeweils 2–3 Hotteok in einer großen Pfanne mit 1 Schuss Erdnussöl von einer Seite 1 Minute braten, dabei mit dem Pfannenwender zu Pfannkuchen flachdrücken. Dann wenden und die andere Seite 1 Minute braten.

DDALGI SATANG 딸기 사탕 – GLASIERTE ERDBEERSPIESSE

FÜR 6 PERSONEN
ZUBEREITUNG: 15 MIN.
GARZEIT: 10 MIN.
WARTEZEIT: 10 MIN.

500 g Erdbeeren
250 g weißer Zucker

Spezielles Zubehör:
12 Holzspieße

Die Erdbeeren abspülen, entstielen und mit Küchenpapier abtrocknen. Je nach Größe der Erdbeeren 3–5 Früchte auf jeden Spieß stecken.

In einen Karton oder Styroporwürfel so viele Löcher stechen, wie Spieße verwendet werden. Dies ist der »Sockel« zum Trocknen.

Den weißen Zucker und 200 ml Wasser in einem Topf bei mittlerer Hitze auf 145–155 °C erhitzen. Das dauert vom Aufkochen an etwa 10 Minuten. Der Zuckersirup soll noch klar und weiß sein.

Die Erdbeerspieße in den Sirup tauchen und drehen, um die Früchte gleichmäßig mit dem Sirup zu bedecken.

Die Spieße in den Sockel stecken.

10 Minuten abkühlen lassen.

CALMELS
A LAGUIOLE

JJINPPANG 찐빵 – GEDÄMPFTE BRÖTCHEN

ERGIBT 8 STÜCK

ZUBEREITUNG: 30 MIN.

WARTEZEIT: 1 STD. + 25 MIN.

GARZEIT: 20 MIN.

1 Päckchen Trockenhefe
300 rote Bohnen aus der Dose
70 g weißer Zucker
250 g Weizenmehl (Type 65, auch als Baguettemehl bezeichnet) + mehr zum Arbeiten
10 g weiche Butter
1 Prise Salz

Spezielles Zubehör:
2 Dampfkörbe
Küchenmaschine

Die Hefe in 140 ml lauwarmem Wasser auflösen. 10 Minuten stehen lassen.

Die Bohnen abtropfen lassen und mit 50 g Zucker fein pürieren.

Die Bohnenmasse in eine große beschichtete Pfanne geben. 5–10 Minuten bei schwacher Hitze köcheln lassen, sodass eine dicke Paste entsteht. In den Kühlschrank stellen.

Mehl, Hefeansatz, restlichen Zucker, Butter und Salz in eine Schüssel geben und mit den Knethaken der Küchenmaschine oder von Hand 10 Minuten kneten.

Den Teig mit einem sauberen Küchentuch abdecken und 1 Stunde bei Zimmertemperatur ruhen lassen. Der Teig sollte sein Volumen verdoppeln.

Den Teig kurz zusammendrücken, um ihn zu entgasen. Den Teig in 8 gleich große Stücke teilen.

Jedes Teigstück auf einer bemehlten Arbeitsfläche zu einer Scheibe mit einem Durchmesser von 10 cm ausrollen. In die Mitte einen Klecks Bohnenpaste geben, dann den Teig um die Füllung herum zur Kugel formen. Diesen Vorgang wiederholen, bis der Teig aufgebraucht ist.

Zwei Dampfkörbe mit Backpapier auslegen.

Die Jjinppang im Abstand von 6 cm in die Körbe legen.

15 Minuten ruhen lassen, bis der Teig nochmals aufgegangen ist.

Zwei Töpfe mit Wasser zum Kochen bringen und die Dampfkörbe mit Deckel daraufstellen.

Die Jjinppang etwa 10 Minuten im Dampf garen.

Heiß oder lauwarm genießen.

BUNGEOPPANG 붕어빵 – PLÄTZCHEN IN FISCHFORM MIT NOUGATFÜLLUNG

ERGIBT 6 STÜCK

ZUBEREITUNG: 10 MIN.

GARZEIT: 12 MIN.

220 g Weizenmehl (Type 65, auch als Baguettemehl bezeichnet)
1 TL Natron
1 Ei
240 ml Milch
30 g Zucker
1 Prise Salz
Erdnussöl
Nuss-Nougat-Creme

Spezielles Zubehör:
Bungeoppang-Form

Mehl, Natron, Ei, Milch, Zucker und Salz in einer Schüssel zu einem glatten Teig verrühren.

Die Innenseite der Backform leicht einölen und die Form vorheizen.

Die Formen zur Hälfte mit dem Teig füllen. In die Mitte jeder Form 1 Klecks Nuss-Nougat-Creme geben und mit einer Teigschicht bedecken.

Die Form schließen und 2 Minuten backen. Die Form umdrehen und weitere 2 Minuten backen.

Vorsichtig öffnen, um zu prüfen, ob der Teig gar ist. Gegebenenfalls die Backzeit auf der einen oder anderen Seite etwas verlängern.

Bungeoppang aus der Form nehmen, beiseitestellen und den Vorgang wiederholen, bis der Teig aufgebraucht ist.

**Die Form zwischen den einzelnen Backvorgängen mit einem Küchenpapier leicht einölen.
Statt der Nuss-Nougat-Creme kannst du auch süße Kidneybohnenpaste oder Konfitüre verwenden.**

SÜSSKARTOFFELKÜCHLEIN

ERGIBT CA. 12 STÜCK
ZUBEREITUNG: 20 MIN
GARZEIT: 45 MIN.

1 kg Süßkartoffeln
Salz
50 g Zucker
250 g Reismehl
20 g Pinienkerne
100 ml Erdnussöl
Honig oder Ahornsirup zum Servieren

Die Süßkartoffeln im Ganzen und mit der Schale in einen Topf mit kochendem Salzwasser geben. Nach 30 Minuten prüfen, ob die Süßkartoffeln gar sind.

Die Süßkartoffeln abtropfen lassen, pellen und in einer Schüssel zerstampfen.

Das Süßkartoffelpüree mit dem Zucker und dem Reismehl verrühren, bis ein homogener Teig ähnlich einem Mürbeteig entsteht. Die Konsistenz gegebenenfalls mit etwas Wasser oder Mehl korrigieren.

Aus dem Teig Kugeln von 3–4 cm Durchmesser formen und flach drücken. In die Mitte jedes Küchleins 5 Pinienkerne drücken.

Eine Pfanne mit einem Schuss Erdnussöl erhitzen.

Die Küchlein bei schwacher Hitze in der Pfanne 5 Minuten backen. Nach der Hälfte der Zeit wenden.

Die restlichen Küchlein ebenso backen.

Mit etwas Honig oder einem Schuss Ahornsirup beträufelt servieren.

REZEPTREGISTER

ZUTATENREGISTER

Bibliografische Information der Deutschen Nationalbibliothek
Die Deutsche Nationalbibliothek verzeichnet diese Publikation in der Deutschen Nationalbibliografie. Detaillierte bibliografische Daten sind im Internet über https://dnb.de abrufbar.

Für Fragen und Anregungen
info@m-vg.de

Wichtiger Hinweis
Ausschließlich zum Zweck der besseren Lesbarkeit wurde auf eine genderspezifische Schreibweise sowie eine Mehrfachbezeichnung verzichtet. Alle personenbezogenen Bezeichnungen sind somit geschlechtsneutral zu verstehen.

1. Auflage 2024

Türkenstraße 89
80799 München
Tel.: 089 651285-0
Fax: 089 652096

Übersetzung: Wiebke Krabbe
Redaktion: Stephanie Kaiser-Dauer
Umschlaggestaltung: Karina Braun
Umschlagabbildung und Abbildungen Innenteil: Chromostyle
Satz: inpunkt[w]o, Wilnsdorf (www.inpunktwo.de)
Druck: Firmengruppe APPL, aprinta Druck, Wemding
Printed in Germany

ISBN Print 978-3-7423-2608-9
ISBN E-Book (PDF) 978-3-7453-2390-0
ISBN E-Book (EPUB, Mobi) 978-3-7453-2391-7